Wunderwelt Modellhubschrauber

Der Einstieg am Beispiel des T-Rex 450

Stefan Pichel

Bibliografische Information der Deutschen Nationalbibliothek
Die Deutsche Nationalbibliothek verzeichnet diese Publikation in der Deutschen Nationalbibliografie; detaillierte bibliografische Daten sind im Internet über http://dnb.d-nb.de abrufbar.

Webseite: www.heli-spass.de   Email: abgehoben@heli-spass.de

Fotomodell: Elena Gromow

Herstellung und Verlag: Books on Demand GmbH, Norderstedt

ISBN: 978-3-8370-4520-8

Inhalt

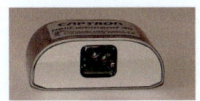

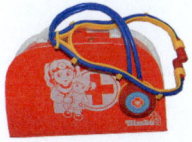

Vorwort

Als ich mir den T-Rex 450 SE zulegte und mit dem Zusammenbau begann, habe ich jeden Schritt dokumentiert und damit eine kleine Bauanleitung zusammengestellt, die ich auf meiner Webseite zum Download anbot. Die Zugriffszahlen zeigten, dass es einen großen Bedarf an einer Schritt-für-Schritt-Anleitung gibt, die den gesamten Konstruktionsprozess bis zum flugfähigen Modell beschreibt. Viele Anfragen und Anregungen von Lesern haben mich dazu motiviert, die Bauanleitung zu erweitern, so dass als Resultat dieses Büchlein entstanden ist.

Ich bedanke mich ganz besonders bei Herrn Eulefeld von der Firma Captron, ohne dessen Hilfe das Kapitel über die Stabilisation nicht möglich gewesen wäre. Vielen Dank auch an Michael Espey, der mit vielen hilfreichen Anmerkungen die Qualität der Kapitel über Mechanik und Elektronik verbessert hat. Mein Dank geht auch an Andrea Schmidt für ihre stilistischen Verbesserungsvorschläge und Herrn Debatin, der mir mit seinem Fachwissen sehr geholfen hat.

Ich wünsche allen Lesern viel Spaß beim Eintauchen in die faszinierende Welt der Modellfliegerei!

Stefan Pichel
Hamburg, im März 2008

Kapitel 1

Einführung

1.1 An wen richtet sich dieses Buch?

Mit diesem Büchlein sollen die angehenden Piloten angesprochen werden, die noch nicht so viel Erfahrung im Zusammenbau eines Modellhubschraubers besitzen und mit diesem Modell in die Helifliegerei einsteigen. Da so ein Wolkenquirl ein sehr kompliziertes Gerät darstellt, ist dessen Zusammenbau und Flug für den Einsteiger nicht unbedingt trivial. Viele Bastler wünschen sich daher eine Schritt-für-Schritt Anleitung, die die dem T-Rex 450 beiliegende Anleitung des Herstellers ergänzt. Da die Anleitung des Herstellers außerdem auf die Konstruktion der mechanischen Komponenten fokussiert ist und sich viele Webseiten im Internet insbesondere mit den elektronischen Komponenten beschäftigen, soll dem Leser mit diesem Werk eine Anleitung an die Hand gegeben werden, welche alle Konstruktionsschritte zusammenfasst, so dass am Ende ein flugfähiges Modell steht und man lernt, wie man möglichst geldbeutelschonend die ersten Flugversuche unternimmt. Keinesfalls soll dieses Buch die dem Bausatz und den anderen beschriebenen Bauteilen beiliegenden Anleitungen ersetzen!

Obwohl sich das Buch konkret auf den T-Rex 450 mit einer festgelegten Beispielkonfiguration bezieht, ist der größte Teil auf andere Modelle und Bauteilkombinationen übertragbar.

1.2 Vorbemerkung zur Bauanleitung

In diesem Buch wird der komplette Zusammenbau des Align T-Rex 450 SE bis zum flugfähigen Modell beschrieben. Da man das Modell jedoch in den unterschiedlichsten Konfigurationen erwerben kann und die elektronischen Bauteile sowieso zum Basismodell hinzugekauft werden müssen, kann keine allgemeingültige Bauanleitung für alle Konfigurationen gegeben werden. Stattdessen beschränkt sich der Autor hier auf den T-Rex 450 SE mit folgenden Komponenten:

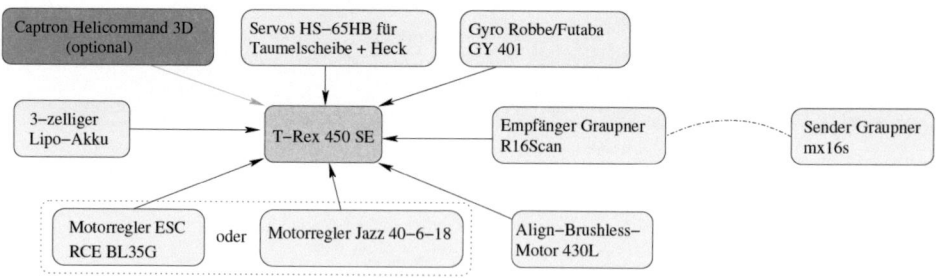

Abb. 1.1: Diese Konstellation wird in diesem Buch vorgestellt

Natürlich gibt es eine Vielzahl an alternativen Komponenten, aber die Behandlung aller Konstellationen würde den Rahmen dieses Buches sprengen. Oft ist der Einbau und die Konfiguration der alternativen Komponenten jedoch sehr ähnlich wie bei den hier vorgestellten Bauteilen. Wer Informationen über die Verwendung anderer als der hier vorgestellten Bauteile sucht, der sei auf die Wiki-Seite *http://wiki.rc-heli-fan.org/index.php/T-Rex* verwiesen.

Der Bausatz des Autors enthielt viele Komponenten, die bereits werksseitig zusammengesetzt wurden. Dem Bausatz lag eine englischsprachige Anleitung bei, auf die sich diese Buch häufig bezieht. Es ist nicht ausgeschlossen, dass zukünftig oder bei anderen Händlern unterschiedliche Versionen des Basisprodukts erhältlich sind.

 **Der Autor kann nicht ausschließen, dass ihm der eine oder andere Fehler unterlaufen ist. Alle Modellhelikopter können gefährliche Verletzungen verursachen, insbesondere wenn sie falsch eingestellt oder geflogen werden. Der Autor kann daher keine Haftung für Schäden übernehmen! Im Zweifelsfall gilt immer die Anleitung des Herstellers!!**

Den Zusammenbau und die meisten Einstellungen können Sie auf der Werkbank durchführen. Es gibt jedoch auch einige wenige Schritte, deren Durchführung nur im Flugbetrieb möglich ist. Sind Sie Einsteiger, so sollten Sie diese Flüge auf jeden Fall von einem erfahrenen Piloten durchführen lassen! Beachten Sie auch, dass Sie eine spezielle Haftpflichtversicherung, die für Schäden aus dem Betrieb von Flugmodellen aufkommt, abgeschlossen haben müssen und Flugmodelle nicht überall geflogen werden dürfen (siehe hierzu Kapitel 5.2).

1.3 Modellversionen

Der T-Rex 450 ist schon viele Jahre auf dem Markt und wurde in dieser Zeit stetig weiterentwickelt und verbessert. Während man im Fachhandel meist nur noch den T-Rex 450 in der Version SE und SE v2 kaufen kann, wird man ihn auf dem Gebrauchtmarkt auch noch in den Versionen X, XL, V2, HDE, CDE, S oder CF finden (Stand November 2007). Da die Modellreihe so erfolgreich ist, gibt es mit dem T-Rex 600 und dem T-Rex 500 mittlerweile bereits zwei größere Brüder in unterschiedlichen Ausführungen. Da diese Modelle jedoch in ganz anderen Gewichtsklassen spielen, werden sie in diesem Buch nicht behandelt.

Die Unterschiede zwischen den Versionen des T-Rex 450 sind gar nicht so groß, so dass viele Bau- und Ersatzteile für alle Versionen passen. Hauptsächlich unterscheidet man zwischen Versionen mit einer 90^0-Taumelscheibenanlenkung (X,XL,HDE) mit Pitchwippe und einer 120^0-Taumelscheibenanlenkung-Direktanlenkung (CDE, S, CF, SE, SEv2). Des Weiteren wurden verschiedene Materialien für das Chassis verwendet. Während die SE-Versionen ein CFK-Chassis besitzen, hat die S-Version beispielsweise ein Alu-Chassis.

Da heute nur noch die Versionen SE und SE V2 als Neuware auf dem Markt sind, befasst sich dieses Büchlein mit ebendiesen Versionen. Das Kapitel *Mechanik* benutzt als Beispiel die Modellversion SE. Bis auf wenige Ausnahmen gilt der Text aber auch für die Version SE v2. Diese ist zum SE zwar an vielen kleinen Stellen verbessert worden (4mm-Blattlagerwelle mit Axiallagern, kugelgelagerte Paddelwippe, andere mögliche Heckgyroposition, usw.), doch ist der grundsätzliche Aufbau nicht verändert worden.

1.4 Eigenschaften des T-Rex 450

Der T-Rex 450 ist ein vollwertiger Elektro-Modellhelikopter. Mit seiner Größe (Rotordurchmesser etwa 70cm) und einem Gewicht von etwa 700 Gramm ist er ideal für den Transport und gerade schwer genug, um auch bei windigem Wetter geflogen zu werden.

Piloten fliegen ihn mit den unterschiedlichsten Rotordrehzahlen (2100 bis 3000 rpm). Die hohen Drehzahlen verleihen ihm einen stabilen Flugstil und ein agiles Verhalten.

Wenn man keine besonderen Eigenkonstruktionen hinzufügt, so passt ein Lipo-Akku bis zu 2500 mAh unter die Haube. Damit sind Flugzeiten bis zu 15 Minuten möglich.

Bedingt durch die lange Erfolgsgeschichte gibt es sehr viele Fans weltweit, die sich eingehend mit diesem Modell beschäftigt haben. Als Konsequenz kann man umfangreiche Informationen im Internet finden. Außerdem gibt es sehr viele gut moderierte Foren zum T-Rex.

Der T-Rex 450 ist nicht zuletzt deswegen so erfolgreich, weil die Ersatzteilversorgung ausgesprochen gut und preiswert ist.

Insbesondere der Einsteiger wird es begrüßen, dass der Heli aufgrund der ständigen Verbesserungen im Laufe der Zeit eigentlich keine Kinderkrankheiten mehr besitzt.

Im Gegensatz zu den vielen Koaxial-Helikoptern, die nur drehzahlgesteuert ihre Höhe ändern können, gibt es beim T-Rex in dieser Hinsicht keine Abstriche. Er hat bei richtiger Konfiguration ein sehr gutmütiges Flugverhalten, kann aber auch alle anspruchsvollen 3D-Flugmanöver durchführen (wenn der Pilot dies beherrscht...!).

Er lässt sich flexibel an die eigenen Bedürfnisse anpassen, weil es zu jeder mechanischen und elektronischen Komponente in der Regel verschiedene Alternativen gibt. Viele Bastler haben neue Hauben gebastelt, die sie auch im Internet verkaufen. So lässt sich aus dem Trainermodell mit der passenden Haube sogar ein manntragender Hubi zaubern. Andererseits finden sich in vielen (Semi-)Scale-Modellen auch Bauteile des T-Rex wieder!

Aufgrund der geschilderten Eigenschaften eignet sich der T-Rex 450 sowohl für den Einsteiger als auch für den Profi.

Kapitel 2

Mechanik

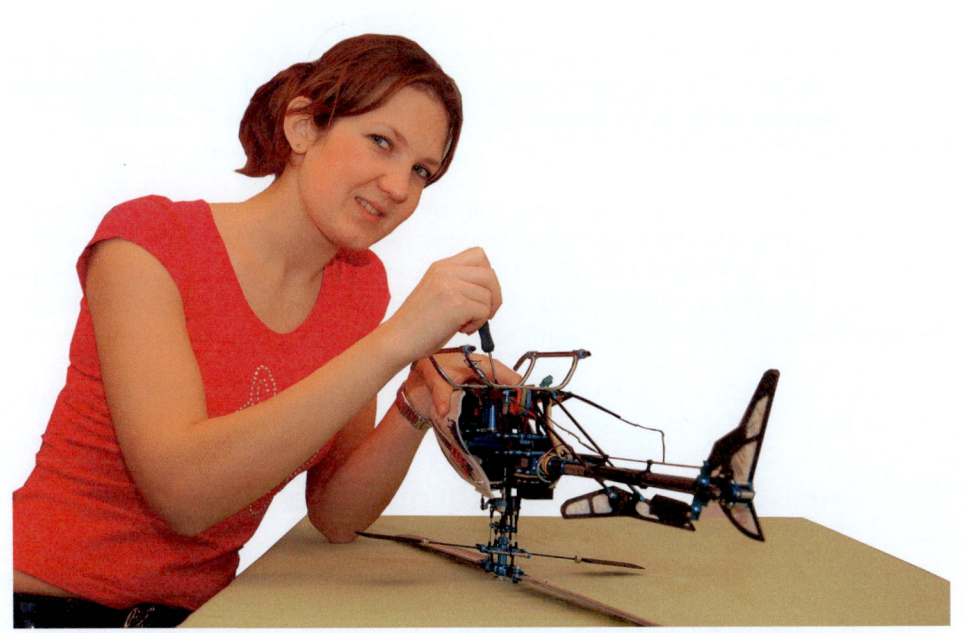

2.1   Vorbemerkung zum Zusammenbau der mechanischen Komponenten

Die dem Produkt beiliegende englische Anleitung des Herstellers wird im Folgenden stets mit **HA** abgekürzt.

Die meisten Schrauben müssen mit Schraubensicherungslack versehen werden. Da dies eine Selbstverständlichkeit bei allen rotierenden Teilen sein sollte, die bei einer Ablösung eine erhebliche Gefahr darstellen, wird dies bei den Arbeitsschritten nicht mehr explizit erwähnt. Wenn es jedoch ausnahmsweise vorteilhafter ist, den Schraubensicherungslack erst in einem späteren Arbeitsschritt aufzutragen, wird darauf hingewiesen. Wenn man die Befürchtung hat, dass die bereits werksseitig zusammengesetzten Bauteile nicht unter Verwendung von Schraubensicherungslack verschraubt wurden, sollte man dies nachholen.

Schraubensicherungslack gibt es in verschiedenen Varianten: Während einige Lacke aushärten, verbleiben andere in einem zähflüssigen oder gummiartigen Zustand. Letztere Varianten eignen sich vor allem für Schraubverbindungen, die ständigen Vibrationen ausgesetzt sind. Um den für den richtigen Einsatzzweck idealen Schraubensicherungslack zu verwenden, sollten Sie sich an die entsprechenden Hinweise in den Explosionszeichnungen der HA halten!

An vielen Stellen wird angemerkt, aus welchen Tütchen des großen Bausatzes die im jeweiligen Arbeitsschritt zu verwendenden Bauteile zu entnehmen sind. Auch wenn diese Angaben für Ihren Bausatz nicht mehr aktuell sein sollten, empfiehlt es sich, die Tütchen erst bei Bedarf zu entleeren, um den Überblick zu behalten, denn jeder Tütcheninhalt gehört in der Regel zu einer eigenen Baugruppe.

Achten Sie beim Einbau aller Bauteile, die sich später bewegen sollen, besonders auf eine leichtgängige Ansteuerung (Einfetten!).

2.2   Zusammenbau des Rotorkopfes

Wie in der HA beschrieben beginnt auch diese Bauanleitung mit dem Zusammenbau des Hauptrotorkopfes, welcher sich im Tütchen HH befindet. Da dieser schon werksseitig weitgehend zusammengebaut wurde, können Sie die Explosionszeichnungen der Innereien des Rotorkopfes in der HA überblättern. Jene Seiten sind nur dann von Interesse, wenn Sie z.B. nach einem Crash einzelne Teile des Rotorkopfes auswechseln wollen. Führen Sie die mit HT2 beschriftete Paddelstange aus Beutel HH4 durch den Rotorkopf und schieben Sie an den beiden Enden die silbernen Kontrollarme (Teil 9 der HA-Explosionszeichnung) auf die Paddelstange.

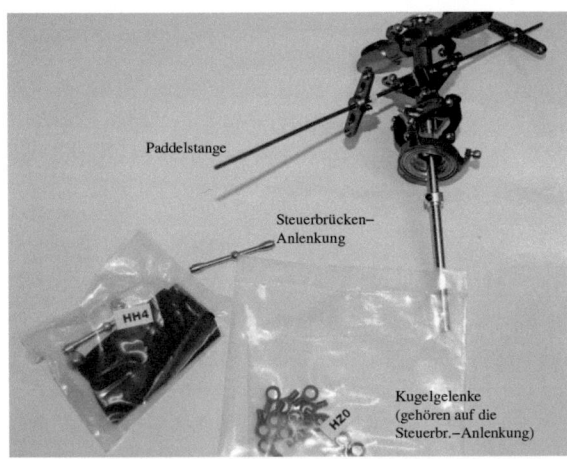

Paddelstange

Steuerbrücken–
Anlenkung

HH4

Kugelgelenke
(gehören auf die
Steuerbr.–Anlenkung)

Abb. 2.1: Benötigte Komponenten

Aus den Steuerbrücken-Anlenkungen (in den Zeichnungen in der HA mit „8" beschriftet) sind die Schrauben an den Enden herauszudrehen, damit sie in die Anlenkhebel passen und dort mit den soeben herausgedrehten Schrauben wieder befestigt werden können. Diese Befestigung der Anlenkhebel muss auf beiden Seiten durchgeführt werden.

Laut Zeichnung in der HA sollen die Madenschrauben in den Anlenkhebeln mit Klebstoff fixiert werden, was der Autor zu diesem Zeitpunkt als etwas verfrüht empfindet.

Zentrieren Sie die Paddelstange so, dass zu beiden Seiten 84 mm zwischen Anlenkhebel und Stangenende verbleiben. Sollte Ihre Paddelstange zu beiden Seiten etwas länger oder kürzer sein, so handelt es sich um Fertigungstoleranzen oder eine andere Bausatzversion. Den genauen Abstand zwischen Rotorkopf und Paddel werden Sie später beim Eindrehen der Paddel festlegen können.

Schieben Sie nun die Gewichtskugeln auf die Paddelstange und drehen die Paddel auf die Enden. Die Gewichte werden mit den Madenschrauben direkt an die Paddel anstoßend fixiert.

Abb. 2.2: Paddelstange einführen

Blättern Sie nun in der HA bis zur Zeichnung, in der die mit Längenangaben versehenen Anlenkgestänge des Rotorkopfes eingezeichnet sind. Fertigen Sie die benötigten Anlenkgestänge mit den erforderlichen Längen und hängen diese auf die Kugelköpfe von Rotorkopf und Taumelscheibe entsprechend der HA-Zeichnung. Achtung: Die Anzahl der dem Bausatz beiliegenden Metallstängchen und die der Kugelgelenke ist genau abgezählt! Die Anlenkstangen haben alle eine andere Länge und sind zu Beginn der HA aufgeführt.

Die Hauptrotorblätter sind nun noch einzuhängen, damit der Rotorkopf komplettiert wird. Die Rotorblätter inklusive der Befestigungsschrauben befinden sich in Tütchen HH3. Praktischerweise liegen auch gleich zwei Klebestreifen unterschiedlicher Farbe bei, um später den korrekten Spurlauf einstellen zu können.

Je nach Version können dem Bausatz CFK-, GFK- oder Holzrotorblätter beilie-gen. Wollen Sie Holzblätter verwenden, so sollten Sie auf jeden Fall deren Gewich-te mit einer Rotorblattwaage ausmessen und Unterschiede durch Anbringen von Klebestreifen am leichteren Rotorblatt ausgleichen! Bei CFK- und GFK-Blättern sind die Fertigungstoleranzen etwas geringer, ein Auswiegen schadet aber nie.

Abb. 2.3: Der fertige Rotorkopf

Auf dem Foto 2.3 ist der fertig montierte Gesamtrotorkopf inklusive der Haupt-welle zu sehen, jedoch sind die Rotorblätter und Paddel nicht abgebildet, um das Foto in einem größeren Maßstab abzubilden, ohne die gesamte Seite auszufüllen.

2.3   Das Chassis

In der HA wird der Aufbau des Chassis (auch als *Rahmen* bezeichnet) anhand einer großen Explosionszeichnung beschrieben. Das Tütchen mit dem vormontier-ten Rahmen für die Oberseite findet sich schnell, auch wenn es nicht beschriftet ist. In dem Tütchen befindet sich das Chassis und die Akkurutsche. Diese Akkurutsche ist ein kleines Kunststoffplättchen, welches später die Batterie oder den Empfänger halten kann (Nummer 23 in der Zeichnung in der HA).

Schrauben Sie die Akkurutsche mit der richtigen Seite nach oben auf das Chassis (die richtige Seite erkennt man an den trichterförmigen Löchern, in die sich die Schrauben einpassen müssen.)

Im nächsten Abschnitt der HA ist der Zusammenbau des Oberrahmens mit dem Unterrahmen beschrieben. Der Unterrahmen befindet sich in einem weiteren Tütchen, ist aber bereits fertig.

Bevor die beiden Rahmenteile zu einem Ganzen zusammengesetzt werden können, müssen zuvor drei Servos und der Motor eingesetzt werden.

Aufgrund von Fertigungstoleranzen ist es möglich, dass die Servos nur schwer in die vorgesehenen Öffnungen passen. Der Einbau wird in diesem Fall noch dadurch erschwert, dass die Leitungen seitlich an der Rückseite aus dem Gehäuse geführt werden müssen.

Abb. 2.4: Servoeinbau

Hier ist tatsächlich etwas Kraft anzuwenden. Reicht auch dies nicht, sollten Sie die Öffnung im Chassis mit einer Feile etwas vergrößern.

Im Beutel HB2 befinden sich auch die Plastiklaschen, die unter die Schraubenbefestigungen der Servos einzusetzen sind, damit die Servos später möglichst vibrationsarm betrieben werden können.

Abb. 2.5: So ist der Nick-servo einzusetzen

Der dritte Servo, welcher später die Nick-Bewegungen durchführen soll, wird etwas weiter hinten am Rahmen befestigt. Es reicht, wenn dieser Servo direkt von außen auf den Rahmen aufgeschraubt wird (siehe Abbildung).

2.4   Befestigung der Taumelscheibenführung

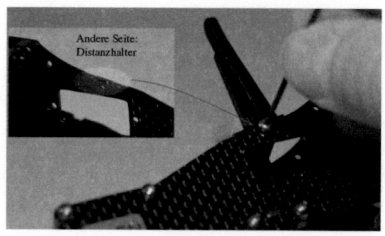

Die Taumelscheibenführung (Teil 52) befindet sich zusammen mit den Schrauben und
Distanzscheibchen (53) im Beutel HH7, welcher im Beutel HB2 steckt. Dieser Bügel
sorgt später dafür, dass sich die Taumelscheibe nicht verdrehen kann, indem der verlän-
gerte Anlenkhebel an der Taumelscheibe später durch die Führungsöffnung dieses Bügels
geschoben wird.

Abb. 2.6: Taumelscheibenführung

Für den korrekten Sitz der Distanzscheibchen sind im Rahmen entsprechende
Aussparungen vorhanden, in die sich die Scheibchen leicht einschieben lassen.
Dann wird der Bügel eingesetzt und die Inbusschrauben eingedreht.

2.5   Einsetzen des Motors

Die Befestigungsplatte und die Schräubchen für den Motor befinden sich auch in
einem separaten Tütchen im Beutel HB2. Zuerst sollte man nur eine Seite der
Befestigungsplatte einschrauben („A" in Abb. 2.7), weil für die andere Seite das
Oberteil mitmontiert werden muss! Setzen Sie nun Unter- und Oberrahmen so
zusammen, dass Sie beide wie ein großes Gelenk mit den anderen Schrauben des
Motorhalters zusammensetzen können (B).

Bevor Sie nun Ober- und Unterrahmen weiter verbinden, „klappen" Sie das Kon-
strukt auf, um so besser den Motor befestigen zu können (C in Abb. 2.8). Die
Schrauben für die Motorbefestigung befinden sich im Tütchen HB4 im Beutel
HB. Setzen Sie die Schrauben ein und drücken Sie den Motor vorsichtig von unten gegen die Schrauben (Achtung: der Motor enthält je zwei Innengewinde für
unterschiedliche Schraubendurchmesser!).

Klappen Sie nun die Rahmenoberseite runter und schrauben den Motor ein (D).

Dann klappen Sie die Oberseite wieder nach oben, um das Motorritzel einzusetzen
(E). Das Motorritzel befindet sich im Tütchen HB7.

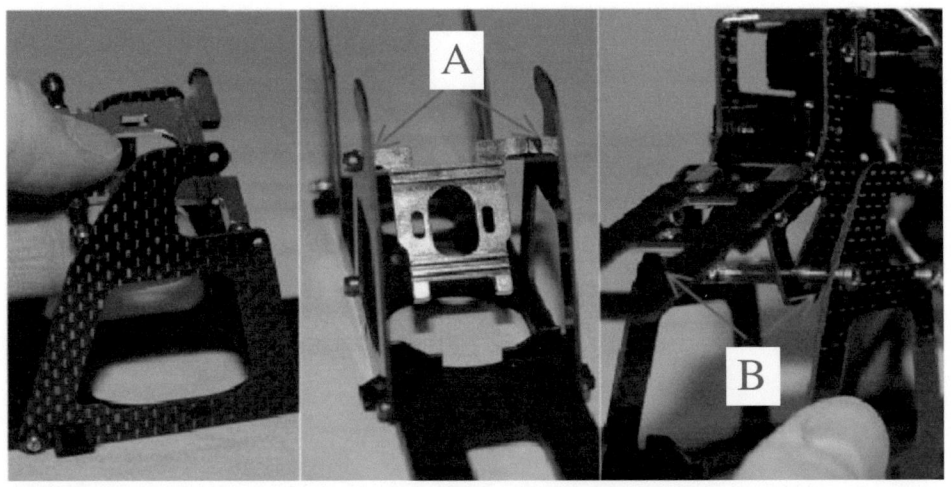

Abb. 2.7: Rahmen - erste Schritte

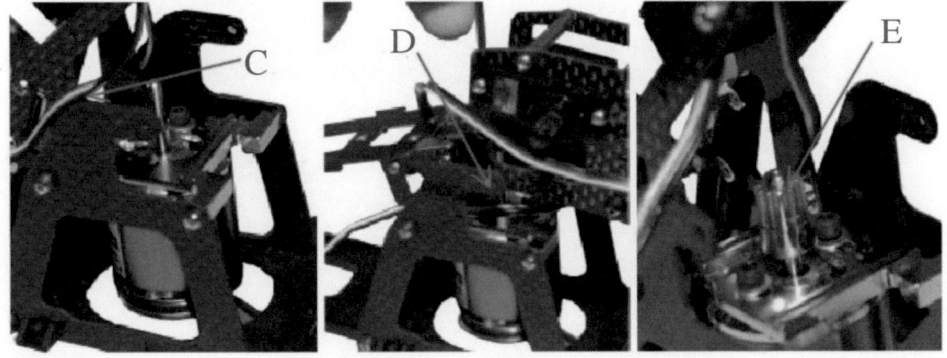

Abb. 2.8: Rahmen - Einbau des Motors

2.6 Haubenbefestigung und Chassishälften

Setzen Sie nun die beiden silbernen Haubenhalterstäbchen aus HB2 in den oberen Rahmen ein (F in Abb. 2.9).

Nun entnehmen Sie aus Beutel HB2 die Abstandshalter. Setzen Sie diese zwischen Ober- und Unterrahmen und verschrauben Sie diese (G in Abb. 2.10). Die lange Stange aus dem Beutelchen ist übrigens für die Rahmenbefestigung nahe des Motors (H) gedacht; dazu ist sie vorher in ihre Einzelteile zu zerlegen. Verlieren

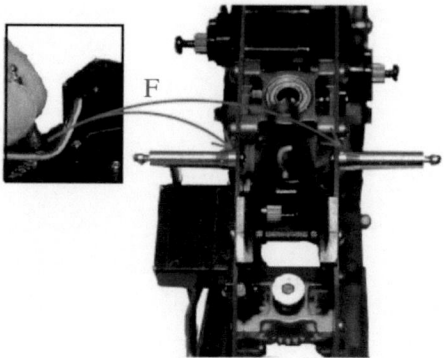

Abb. 2.9: Haubenhalter

Sie keine Einzelteile, denn der Inhalt des Beutels ist genau abgezählt!

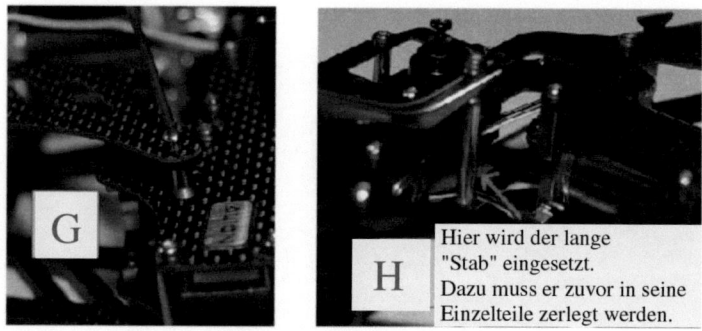

Abb. 2.10: Haubenhalter

2.7 Restarbeiten am Chassis

Zum Schluss befestigen Sie das Kabel des dritten Servos (Nickservo) mit Kabelbinder am Rahmen und setzen Sie die Servohebel auf die Servos, wenn schon erkennbar ist, dass die Hebelarme keine anderen wichtigen Bauelemente stören. Kürzen und Einsetzen kann man die Hebelarme auch später noch.

Damit ist der Rahmen mit Motor und Servos fertiggestellt.

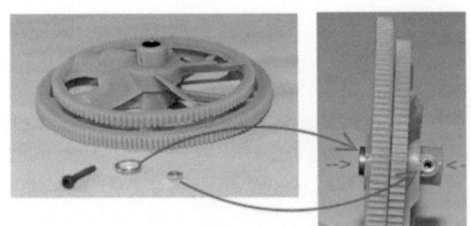

Abb. 2.11: Fertiger Rahmen mit Motor und Servos

2.8 Einsetzen der Hauptzahnräder

Abb. 2.12: Hauptzahnräder zusammensetzen

Die beiden Antriebszahnräder sind bereits vom Hersteller vormontiert worden und befinden sich zusammen mit den Schrauben für deren Befestigung an der Hauptwelle im Beutel HB6. Außerdem liegt im Tütchen noch der „Shaft Ring" (Distanzring), der nun auf der Lagerseite aufgedrückt wird. Auf der anderen Seite setzen Sie die Mutter ein.

Nun fügen Sie den Rotor inklusive der Welle in den Rahmen so ein, dass die Welle die Hauptzahnräder „aufspießen". Drehen Sie die M2-Schraube fest, so dass Welle und Zahnrad fixiert sind. Eventuell muss noch das Lager auf der Welle direkt oberhalb des Rahmens in der Position verändert werden, damit die Zahnräder unten gut passen und in das kleine Zahnrad greifen.

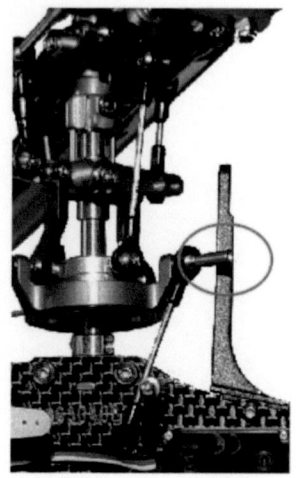

Damit im Flug nicht die gesamte Taumelscheibe rotiert und den kompletten Rotorkopf zerstört, muss der längere Hebel an der Taumelscheibe durch die Führung in der Taumelscheibenführung gesteckt werden (siehe Kreismarkierung im Bild). Dazu schrauben Sie ihn am besten kurz ab, ziehen ihn durch den Schlitz und schrauben ihn dann wieder an.

Abb. 2.13: Taumelscheibe darf sich nicht drehen

2.9   Das Landegestell

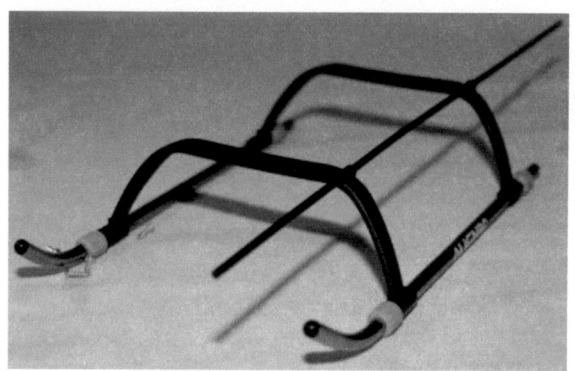

Abb. 2.14: Zusammengeschraubte Kufen

Die Befestigung der Landekufen ist ein sehr schnell durchgeführter Arbeitsschritt. Das Landegestell befindet sich in Tütchen HF2. Zusätzlich soll am Landegestell auch das Antennenröhrchen befestigt werden, welches sich im Beutel HT9 befindet.

An beiden Kufen werden zunächst die Enden mit den schwarzen Abschlussste-ckern verschlossen. Diese sollten Sie am besten mit Kleber befestigen, damit sie später nicht so schnell herausfallen können.

Dann schieben Sie die blauen Gummiringe auf.
Drücken Sie diese bis an die Kufenbogen, anschließend schieben Sie den ersten Kufenhalter hinterher.
Der zweite Kufenhalter wird nun soweit aufgescho-
ben, bis er dem Abstand entspricht, in dem er später
unter das Chassis geschraubt werden kann. Zu gu-
ter Letzt werden dahinter wieder blaue Gummiringe aufgesteckt und das Antennenröhrchen durch die
Durchführungen geschoben. Das Landegestell ist nun
fertig und kann unter das Chassis geschraubt werden.

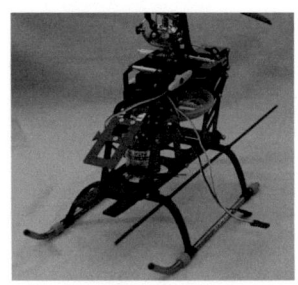

Abb. 2.15: Landegestell unter Heli montiert

Betrachten Sie nun das Gesamtkunstwerk, ähnelt es
nicht schon gewaltig einem Heli?

2.10 Das Heck

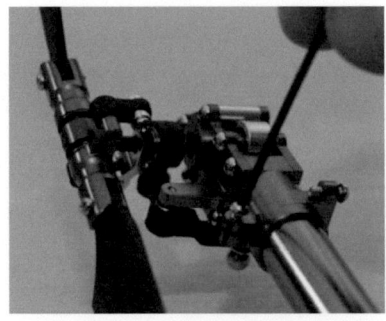

Abb. 2.16: Heckteil montieren

Die Teile für das Heck befinden sich im Beutel HT. In diesem Beutel befinden sich auch
noch verschiedene weitere Tütchen. Ein nicht
beschriftetes Tütchen, welches laut Teileliste
in der HA die Nummer HT5 tragen soll, enthält das gesamte Heckteil inklusive dem eingezogenen Zahnriemen, den Heckrotorblät-
tern und einer Befestigungsschraube. Das
Heckteil ist bis auf den Rotor schon vormontiert, so dass nur die Rotorblätter an-
geschraubt werden müssen. Führen Sie den
Riemen durch das Heckrohr (Tütchen HT2)
und schrauben das Heckteil auf das Heckrohr.

Sie sollten das Heckteil noch nicht zu fest aufschrauben, da es später noch justiert
werden muss. Da das Heck schon fast komplett zusammengesetzt ist, müssen Sie
sich an dieser Stelle nicht weitergehend mit den Explosionszeichnungen des Hecks
in der HA befassen.

Schauen Sie sich in der HA an, wie das Seitenleitwerk (Heckschutz) am Heckschuh
befestigt wird. Das Seitenleitwerk befindet sich im Tütchen HT3, welches auch
im Beutel HT liegt. Die Befestigung des Leitwerks geschieht durch die Schrauben,
die bereits im vormontierten Heckschuh stecken.

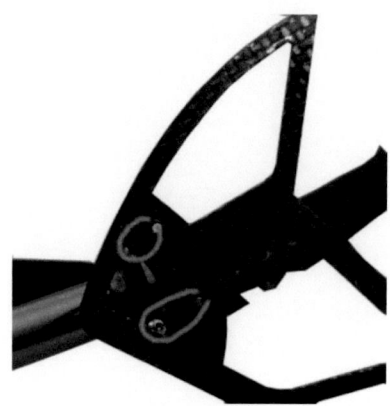

Abb. 2.17: Seitenleitwerk (Heckrotorschutz)

Bevor Sie nun das Höhenleitwerk (Teil 98 der HA) am Heckrohr befestigen, sollten Sie zuvor aus Beutel HT9 eine Gestängeführung (Teil 103 der HA) aufschieben. Wenn Sie das Höhenleitwerk befestigt haben, so schieben Sie eine weitere Gestängeführung hinterher. An den Anfang des Heckrohrs werden nun die beiden Heckservohalter (die blauen Metall-Ringe) geschoben, die später den Heckservo halten sollen.

Nun leeren Sie das Tütchen HT9 komplett, indem Sie den Anlenkdraht herausnehmen, durch die eben befestigten Gestängeführungen schieben und an beiden Enden ein Kugelgelenk aufdrehen, wobei sich die Kugelgelenke wiederum in einem Tütchen im HT3-Beutel befinden.

Als letzter Schritt soll die Heckrohraufhängung durch zwei Verstrebungen verstärkt werden. Diese Verstrebungen befinden sich im Beutel HT2, welcher auch gleich die kleinen blauen Verstrebungsenden enthält. Diese werden nur aufgesteckt.

Abb. 2.18: Heckrohrverstrebungen

Lösen Sie nun die Schrauben am Heckhalter am Chassis, damit Sie das Heckrohr einführen können. Bevor Sie das Heckrohr einsetzen, drehen Sie es in die richtige Richtung, denn am Chassis-Halter ist eine Nase, die genau in die Führung im Heckrohr passen muss. Außerdem ist sicherzustellen, dass der Zahnriemen so gedreht ist, dass er sich um das Zahnrad im Chassis legen kann!

Legen Sie den Zahnriemen um das Zahnrad (beachten Sie die Drehrichtung!) und schieben Sie das Heckrohr soweit wieder zurück, dass der Riemen nur leicht gespannt ist. Testen Sie durch Drehen des Hauptrotors, ob sich der Heckrotor leichtgängig mit der korrekten Drehrichtung dreht.

Dann drehen Sie die Schrauben der Heckhalterung wieder fest ein.

Nun befestigen Sie die Verstrebungsstangen des Heckrohrs am Chassis mit den dort schon bei der Vormontierung eingedrehten Schrauben.

Abb. 2.19: Zahnriemen

Abb. 2.20: Heckrohrstabilisation

Damit das Heck später angesteuert werden kann, befestigen Sie nun den Heckservo an den Heckservohaltern, die Sie bereits in einem früheren Schritt am Heckrohr befestigt haben. In diesem Buch wird davon ausgegangen, dass der analoge Servo HS-65HB als Heckservo eingesetzt wird. Für den Einstieg sollte dieser Servo ausreichen, wer jedoch einen Heli basteln möchte, dessen Heck selbst bei sehr großen Leistungsänderungen wie „angenagelt" stehen bleibt, der muss zu einem Digitalservo greifen. Der im späteren Kapitel beschriebene Gyro GY401 ist für beide Servotypen geeignet.

Als letzten Schritt hängen Sie das Gestänge am Heck zwar ein, befestigen es jedoch noch nicht am Servo. Dies soll erst passieren, wenn die Elektronik eingebaut ist und Sie die Mittelposition der Servos kennen.

Obwohl der Autor davon abrät, schon zu diesem Zeitpunkt die Servos mit den Gestängen zu verbinden, weil die Mittelposition noch nicht bekannt ist, können Sie sehr wohl die Servoarme bereits vorbereiten. Hierzu drehen Sie die Kugeln mit den winzigen Schräubchen in die Hebelarme.

Abb. 2.21: Befestigung des Heckservos

Der Heli ist nun von der Mechanik her fertig. Jetzt fehlt noch die Dekoration (Haube), um den mechanischen Konstruktionsteil abzuschließen und den Heli wie einen solchen aussehen zu lassen.

2.11   Haube und Deko

Der Heli sieht bis jetzt zwar schon sehr funktional aus, aber irgendetwas fehlt
ihm noch: das richtige Aussehen!

Um dem Heli ein vernünftiges „Ge-
sicht" zu geben, braucht er eine hüb-
sche Haube.

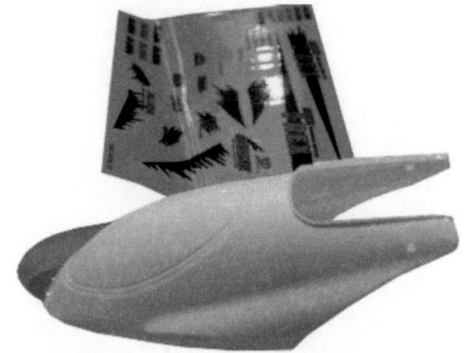

Es ist jedem selbst überlassen, wie
er die Haube verschönert. In der
HA wird angedeutet, man solle
das Cockpitfenster aus dem wei-
ßen Kunststoff ausschneiden, genau-
so wie die Lüftungsschlitze. Wer aber
eine stabilere Haube bevorzugt, der
kann natürlich darauf verzichten. Allerdings ist zu beachten, dass Motor
und Regler nicht zu heiß werden.

Abb. 2.22: Haube mit Dekobogen

Auch der Autor bevorzugt, die Haube nur zu bekleben. Der Kunststoff des Cock-
pitfensters lässt sich leicht mit einer handelsüblichen Schere schneiden. Mit Klebstoff befestigt man das Fenster auf der Haube und dekoriert die anderen Teile
des Cockpits mit den beiliegenden Aufklebern ungefähr so, wie es auch auf der
Verpackung des Helis zu sehen ist.

Anschließend bekleben Sie auch die anderen Teile des Helis entsprechend. Die
Verwandlung ist doch enorm. . .

Kapitel 3

Elektronik

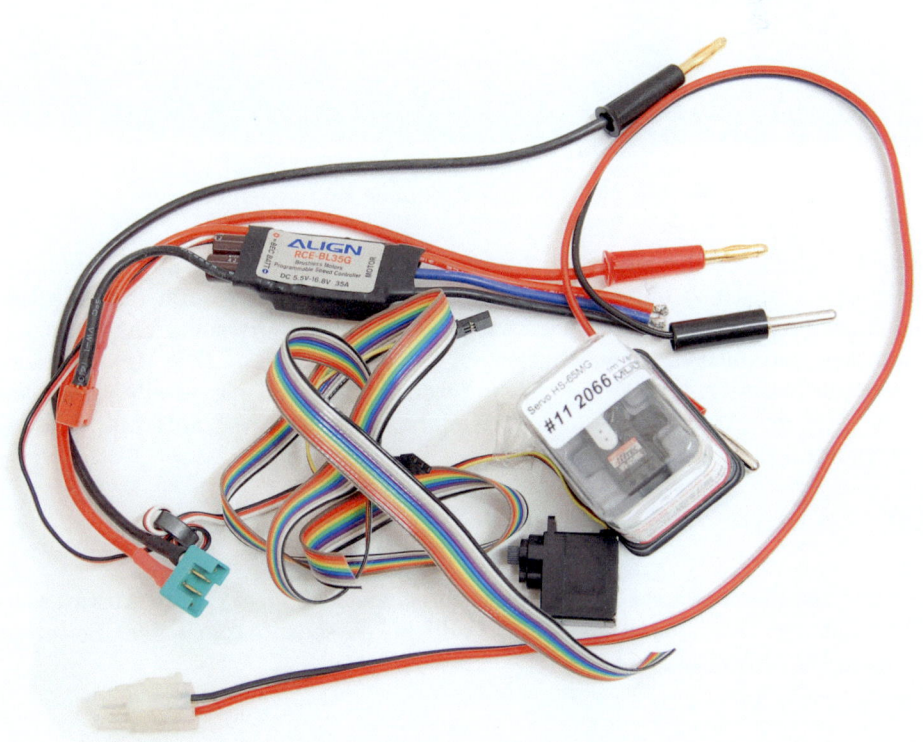

Der T-Rex sieht schon ziemlich flugfertig aus. Setzt man ihm die Haube auf, so wird ein unbedarfter Zuschauer die Flugunfähigkeit nicht auf den ersten Blick erkennen können. Dabei fehlt der wohl wichtigste Teil: die gesamte Elektronik und Stromversorgung. Dieses Kapitel zeigt nun auf, wie die elektr(on)ischen Komponenten eingebaut werden können und wie man sie konfiguriert.

Abb. 3.1: Heli ohne elektronische Komponenten

Zunächst einmal sollte man sich überlegen, wo Akku, Regler und Empfänger (möglichst störsicher) untergebracht werden sollen. Zudem besitzt insbesondere der Akku ein nicht unerhebliches Gewicht. Der genaue Ort sollte daher gut gewählt sein und auch die Möglichkeit zum Austarieren bieten. Die HA illustriert drei Szenarien, aber in dieser Anleitung werden nur zwei vorgestellt. In beiden Fällen wird der Akku im vorderen Teil platziert, weil er hier aufgrund des Gewichtes am besten aufgehoben ist.

3.1   Akku

Der Akku ist das schwerste Teil des Helis und eignet sich ideal für das Austarieren. Hält man den Heli später an seinen Paddeln, so sollte er an keiner Seite ein Übergewicht aufweisen.

Für den T-Rex eignet sich ein
leistungsstarker 3-zelliger 11,1-Volt-
Lipo-Akku, der eine Kapazität von
mindestens 2000 mAh haben sollte.
Leider lässt das Format der Haube
nur Akkus bis zu etwa 2500 mAh
auf der Akkurutsche zu. Bei einem
mehrzelligen Lipo-Akku ist es für eine lange Lebensdauer wichtig, dass
diese Zellen bei der Ladung „ausba-
lanciert" werden. Daher besitzt der

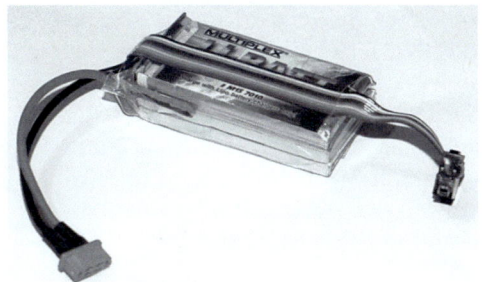

Abb. 3.2: Lipo-Akku

hier abgebildete Akku neben dem Kabel für die Stromversorgung ein sogenann-
tes Balancer-Kabel, damit das Ladegerät den Ladevorgang optimal durchführen
kann (abgebildet ist hier ein Akku mit einem Balancer-Kabel für die Schulze
LipoCard).

Am besten bringt man den Akku auf der Akkurutsche an (diese ist in der HA als
Batteriehalter bezeichnet). Leider ist unterhalb der Standard-Haube nicht mehr
viel Freiraum, um die Position des Akkus zum Austarieren zu verändern. Für die
Befestigung des Akkus kann man Klettband verwenden. Zusätzlich sollte aber
noch ein Gummiband zur besseren Fixierung eingesetzt werden.

Wer für eine längere Flugzeit einen höherkapazitiven (und damit größeren) Akku
einsetzen möchte, sollte diesen unterhalb des Chassis befestigen. Leider steigt die
mögliche Flugzeit nicht proportional zur Kapazität des Akkus (ein T-Rex ist kein
Lastenhubschrauber...), so dass der Einsatz von zwei 2000 mAh-Akkus preiswer-
ter ist und insgesamt zu längerem Flugvergnügen führen wird als die Verwendung
eines 4000 mAh-Akkus. Auch der tiefere Schwerpunkt bei einer Befestigung unterhalb des Chassis beeinflusst das Flugverhalten negativ.

Am besten verlegt man die Stromkabel so, dass man den Heli später ohne Ab-
nahme der Haube einschalten kann.

3.2 Empfänger

Für maximale Flexibilität wird hier zu einem Empfänger mit mindestens 7 Kanä-
len geraten. Während 5 Kanäle für die 4 anzusteuernden Servos und die Motor-
steuerung verwendet werden, stehen damit noch 2 weitere Kanäle bereit, die man
je nach Ausbau des Modells beispielsweise verwenden kann, um über den Sender
den Gyro einzustellen oder die Fotoaufnahme einer Kamera auszulösen.

An dieser Stelle wird der R16Scan-
Empfänger der Firma Graupner vorgestellt. Dabei handelt es sich um
einen Synthesizer-Empfänger, der
ohne einen einzusteckenden Quarz
auskommt. Stattdessen wird die Ka-
nalwahl so durchgeführt, dass zunächst der Sender aktiviert und bei
gedrücktem Scan-Knopf die Stromversorgung für den Empfänger eingeschaltet wird. Drücken Sie also etwa 3 Sekunden lang den Scan-Knopf
am Empfänger, bis die blaue LED er-

Abb. 3.3: Empfänger Graupner R16Scan

lischt. Dann drücken Sie erneut kurz auf den Scan-Knopf. Die blaue LED wird
schnell flackern und nach kurzer Zeit wieder permanent leuchten. Ist dies nicht
der Fall, so wurde das Sendersignal nicht korrekt empfangen. Diese Prozedur ist
im späteren Betrieb natürlich nur zur Änderung der Frequenz erneut durchzuführen.

Auch der Empfänger lässt sich leicht mit Klettband auf der „Batteriehalterung"
befestigen. Da die Kabellänge der Servos oft sehr knapp bemessen ist, sollte man
den Empfänger so ausrichten, dass die Buchsen zur Helimitte zeigen, damit es
keine Probleme beim Anschluss des Heckservos bzw. des oft hinten angebrach-
ten Gyros gibt. Richtig angeordnet wird der Empfänger nicht durch den Motor
gestört.

Als letzter Schritt wird der Antennendraht durch das Antennenröhrchen geschoben und hinten um das Heckrohr verlegt.

3.3   Regler

Der Regler (oder *Motorcontroller*) hat in einer BEC-Schaltung eine Verbindung
zum einzigen Akku (bei einer BEC-Schaltung gibt es keinen separaten Emp-
fängerakku), dem Motor und dem Empfänger. In diesem Kapitel werden zwei
Konfigurationen mit unterschiedlichen Reglern vorgestellt. Die erste Konfiguration verwendet den Regler Align RCE-BL35G, die zweite Konfiguration den
Kontronik Jazz 40-6-18. Beide Regler können Brushless-Motoren ansteuern und
besitzen daher an einer Seite drei verschiedenfarbige Kabel, die mit den entsprechenden Motorkabeln verlötet werden müssen. Damit die Lötstellen isoliert
und später nicht durch Vibrationen beschädigt werden, sollte man ein wenig
Schrumpfschlauch verwenden.

Die beiden dicken Kabel auf der anderen Seite führen zum Akku. Hier sollte man einen Hochstromstecker (z.B. MPX) anlöten. Achten Sie auf die richtige Polung!

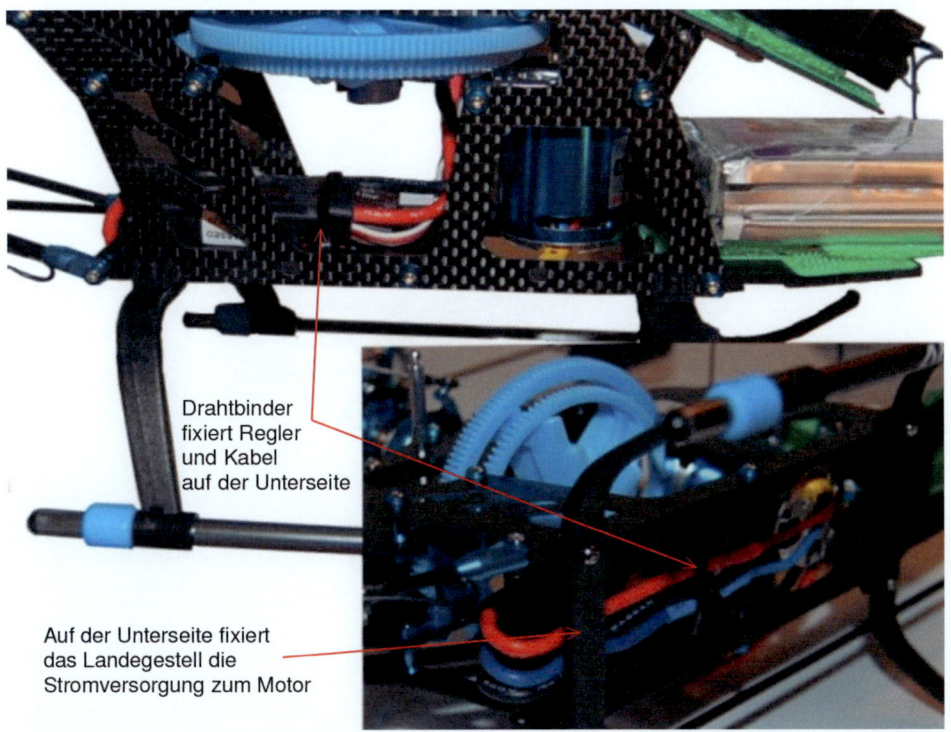

Drahtbinder fixiert Regler und Kabel auf der Unterseite

Auf der Unterseite fixiert das Landegestell die Stromversorgung zum Motor

Abb. 3.4: Eine der Möglichkeiten, den Regler möglichst unscheinbar zu platzieren

Die drei dünnen Kabel besitzen bereits einen Stecker, der schon in den Empfänger passt.

Der Regler kann unterhalb der Antriebszahnräder angebracht werden, wo er selbst bei aufgesetzter Haube genügend Frischluft erhält und ausreichend gekühlt wird. Wenn man zudem die Kabelverbindung zwischen Motor und Regler geschickt verlegt, so ist sie später kaum sichtbar (Abb. 3.4).

Die andere Möglichkeit, die elektronischen Komponenten geschickt zu verteilen, wird anhand der Abbildung 3.5 vorgestellt: Der Akku befindet sich oben auf der „Akkurutsche", der Schwerpunkt liegt damit höher und die Befestigung bietet bessere Möglichkeiten zum Austarieren. Der Regler wird unterhalb des Akkus eingebaut, so dass der Empfänger im hinteren Teil des Rahmens befestigt wird. Hier ist der Abstand des Empfängers zu den Leistungskomponenten Motor und

Regler so groß, dass davon ausgehende Störimpulse den Empfänger nicht beeinflussen sollten. Bei dieser Konstruktion ist es wichtig darauf zu achten, dass der Regler im Flug genügend gekühlt wird!

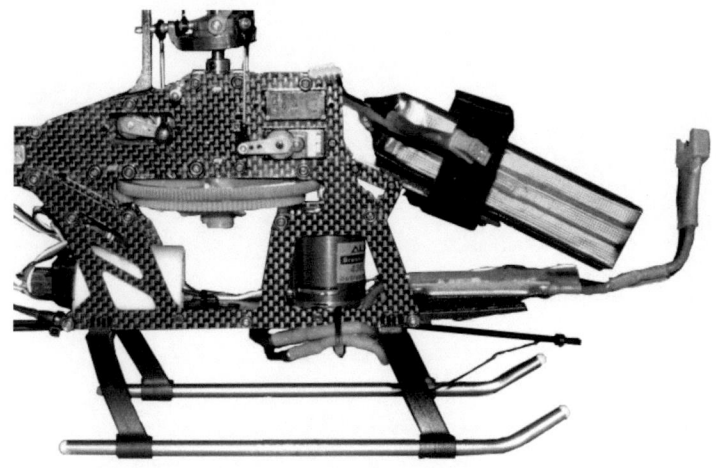

Abb. 3.5: Empfänger weit entfernt von Regler und Motor eingebaut

3.4 Senderprogrammierung

Um in den folgenden Abshnitten nicht bei jeder durchzuführenden Sendereinstellung zu erläutern, wie man in die einzelnen Menüs springt und was welche Funktion bewirkt, wird in diesem Abschnitt das grundlegende Bedienkonzept des Senders mx-16s erklärt und allgemein die wichtigen Konfigurationsmöglichkeiten in der Senderprogrammierung kurz vorgestellt, auch wenn auf die konkreten Einstellungen erst in den späteren Abschnitten eingegangen wird.

3.4.1 Bedienung der mx-16s

Nach dem Einschalten des Senders mx-16s muss man sich entscheiden, ob man das HF-Signal aktivieren möchte. Für den Einsatz am Simulator oder zur Konfiguration ist dies nicht erforderlich.

Die Menüstruktur der mx-16s hat eine recht flache Hierarchie (siehe Abbildung 3.6). Das Hauptmenü erreicht man durch Druck auf die ENTER-Taste. Mit den Plus- und Minus-Tasten kann man das gewünschte Untermenü auswählen, in welches bei einem Druck mit der ENTER-Taste gesprungen wird. Für die Anwahl von Unterpunkten innerhalb der Untermenüs und zum Auswählen von Optionen

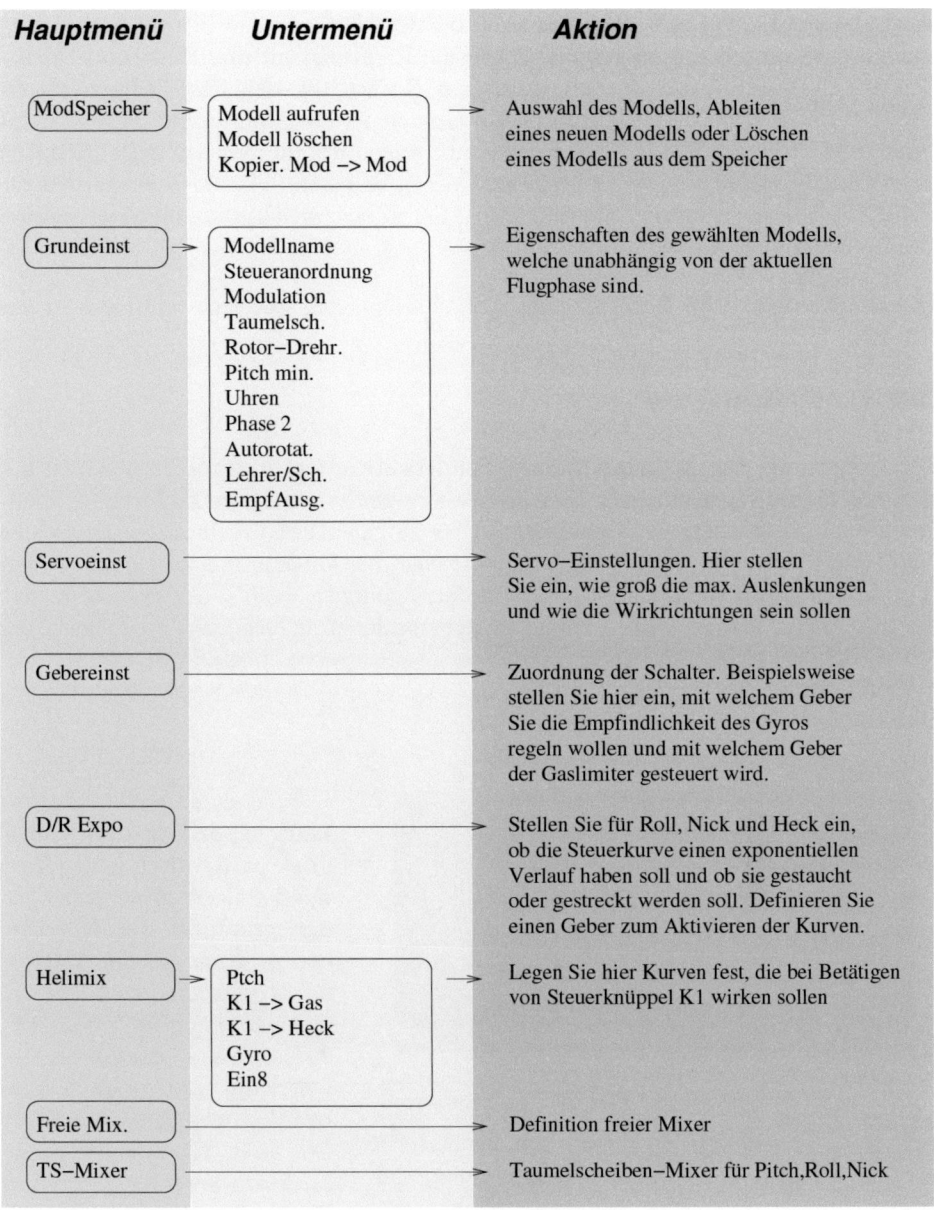

Abb. 3.6: Menü der Graupner mx-16s

dient die SELECT-Taste. Wenn innerhalb eines Menüpunktes in zwei Richtungen navigiert werden kann, so geschieht die eine Richtung mit den Plus- und Minus-Tasten, die andere mit der gleichzeitigen Betätigung der Plus-/Minus-Tasten und der SELECT-Taste. Beispielsweise können Sie im Menüpunkt *Servoeinstellungen* mit Plus und Minus die waagerecht angeordneten Auswahlmöglichkeiten ansteuern (Umkehrung, Mittelposition, Weg), drücken Sie jedoch zusätzlich die SELECT-Taste, so wählen Sie damit den Servo aus, welcher konfiguriert werden soll.

Dieses grundsätzliche Bedienkonzept zieht sich durch alle Einstellungen in der mx-16s.

3.4.2 Helimischer

Der Geber (z.B. Steuerknüppel) eines Senders steuert nicht unbedingt immer genau das Signal eines einzigen Funkkanals an, sondern kann auch durchaus mehrere andere Steuersignale beeinflussen. Dies ist eigentlich für die Steuerung eines Helis der Normalfall. Wenn Sie beispielsweise den Gasknüppel bewegen, wollen Sie nicht nur die Blattanstellung verändern, sondern auch die Drehzahl beeinflussen. Wenn Sie eine 120^0-Taumelscheibenanlenkung besitzen, so müssen bei jeder Nick-Steuerbewegung auch der oder die Rollservos beeinflusst werden und andersherum.

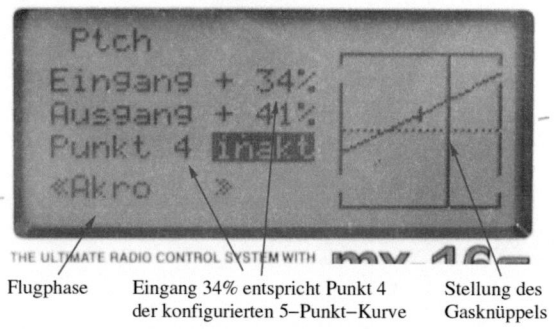

Flugphase   Eingang 34% entspricht Punkt 4   Stellung des
der konfigurierten 5–Punkt–Kurve   Gasknüppels

Abb. 3.7: Einstellung der Kurven am Sender: Hier wird die Pitchkurve des Gaspitchknüppels eingestellt

Die Festlegung von Steuerknüppelposition zu Steuersignal wird durch eine *Kurve* definiert. Moderne Sender erlauben die Konfiguration einer solchen Kurve an 5 verschiedenen Stellen des Gebers (Min, 25%, 50%, 75% und Vollausschlag). Dabei kann man einem Geber mehrere Kurven zuordnen (z.B. K1-Steuerknüppel für Motorleistung, Pitch und Heckbeimischung). Wie ein solcher Konfigurationsdialog bei der Graupner mx-16s aussieht, erkennt man in der Abbildung. Mit dem Steuerknüppel K1 steuert man den gewünschten Punkt an, dies ist bei Ausschlag 34% der Punkt 4. Mit den Tastern „-/+" lässt sich der Ausgangswert variieren.

An verschiedenen Stellen findet sich in diesem Buch auch der Begriff Gaspitch-knüppel, wenn besonders darauf hingewiesen werden soll, dass mit diesem Knüppel zwei Funktionen gesteuert werden.

3.4.3 Flugphasen

Flugphasen definieren sich durch eine festgelegte Kombination aus Trimmung der Geber, Mischern, Gas-/Pitch-/Heck-Kurven und zugeordneten Geberschaltern am Sender.

Beispielsweise kann man eine Schwebe- und eine Akro-Flugphase konfigurieren. Erst nach dem Abheben kann man dann von der Schwebe- in die Akro-Phase umschalten, um anschließend mit anderen Pitch-Kurven und Gyro-Empfindlichkeitseinstellungen 3D-Figuren zu fliegen.

Eine besondere Flugphase stellt die Autorotation dar. In dieser Phase wird ein Ausfall des Motors simuliert, die Servos sind weiterhin steuerbar.

3.4.4 Dual-Rate und Expo

Um die Wirkung der Steuerknüppelausschläge auf die Bewegung der Taumelscheibe leichter abstimmen zu können, besitzen die meisten Sender die Möglichkeit, diese Kurven durch die Funktionen Dual-Rate (DR) und Expo in der Gesamtheit zu beeinflussen. Mit der DR-Funktion können Sie die Ruderbewegungen begrenzen. Mit Expo-Funktion hingegen werden die Servoausschläge bei kleinen Steuerknüppelausschlägen entweder vergrößert oder verkleinert, je nachdem ob Expo positiv oder negativ eingestellt ist. Diese beiden Funktionen sind in einem Untermenü der mx-16s zusammengefasst. Hier können Sie auch einen Geber pro Servo definieren, mit dem Dual-Rate oder Expo während des Fluges ein- und ausgeschaltet werden kann.

Der T-Rex 450 ist ein sehr agiler Modellhubschrauber. Daher sind Expo-Werte bis zu 20% sinnvoll, damit der Hubi im Schwebeflug unempfindlicher auf Steuerknüppelausschläge nahe der Mittelposition reagiert.

3.4.5   Der Gaslimiter

Der Drehzahlregler kontrolliert die
Leistungssteuerung, je nachdem wie
die Gaskurve im Sender konfiguriert wurde. Im normalen Flugbetrieb führt dies dazu, dass der Rotor eigentlich immer schneller als mit
der Leerlaufdrehzahl rotiert. Zum
Starten und Landen oder für Ein-
stellungsarbeiten möchte man jedoch diese Drehzahl begrenzen. Dazu dient der Gaslimiter, der die maximal mögliche Drehzahl des Rotors begrenzt. Mit ihm ist es möglich, die Motorleistung trotz Vollaus-

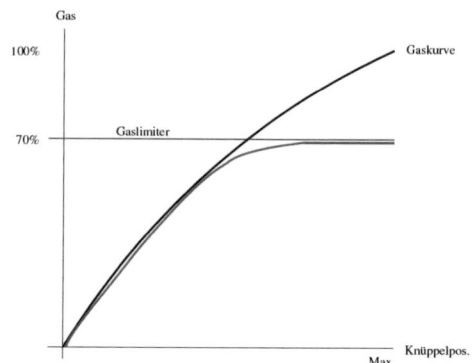

Abb. 3.8: Wirkung des Gaslimiters

schlag des Gasknüppels oder einer für den 3D-Modus eingestellten über alle Gas-
knüppelpositionen hoch eingestellten Gaskurve bis auf Null zurückzudrehen.

Damit sind einerseits sichere Starts und Landungen möglich, andererseits lässt
sich dadurch auch bei einem komplett montierten Heli das Pitchverhalten kontrollieren, ohne dass der Rotor dreht.

3.5   Einstellen des Reglers

In diesem Abschnitt sollen zwei Varianten beschrieben werden. Die erste Variante
behandelt den Einsatz des Reglers Align RCE-BL35G, die zweite Variante stellt
den Jazz 40-6-18 vor.

Typischerweise unterstützen die Regler zwei Betriebsmodi: den Steller- und den
Governor-Modus (diesen bezeichnet man auch oft als Regler-Modus). Im Steller-
Modus arbeitet der Regler so, als würde er einen Servo ansteuern. Da ein T-Rex
normalerweise jedoch mit konstanter Drehzahl geflogen wird, bedeutet dies für
den Piloten eine Anpassung der sogenannten Gaskurve, damit die Drehzahl im
Flug bei wechselnden Pitchwerten einigermaßen konstant bleibt. Versetzt man
den Regler jedoch in den Governor-Modus, so stellt idealerweise der Regler die
Drehzahlkonstanz sicher. Dazu muss der Pilot einen festen Zielgaswert über den
gesamten Gaspitchknüppelweg vorgeben. Wie gut dem Regler die Beibehaltung
einer gleichbleibenden Drehzahl des Rotors gelingt, hängt von dessen Qualität ab.
Da die Einstellung des Governor-Modus einfacher durchgeführt werden kann und
man als Einsteiger weniger an die Grenzen eines Reglers in Extremsituationen

kommt, wird in diesem Kapitel nur auf den Governor-Modus eingegangen, den beide hier vorgestellten Regler unterstützen.

Zum Einstellen bieten einige Regler kleine Taster, andere werden (teils auch zusätzlich) durch die Signale, die der Benutzer über die Fernsteuerung abgibt, konfiguriert. Zusätzlich bieten die Hersteller manchmal weitere Hard- und Software an, um den Regler komfortabler einzustellen. Da dies jedoch mit zusätzlichen Kosten verbunden ist und eine ausreichende Programmierung durch das Sendersignal beide hier vorgestellten Regler unterstützen, wird diese Methode hier vorgestellt. Für die Konfiguration ist es also nötig, dass Sie den Regler mit dem Empfänger verbinden. Verbinden Sie den Regler mit Kanal 6 des Empfängers. Schieben Sie den Motor soweit vom Zahnrad weg, dass ein Anlaufen des Motors nicht im Unglück endet!

Bevor also mit der eigentlichen Konfiguration des Reglers begonnen werden kann, muss ein Heli-Modell am Sender programmiert werden. Erstellen Sie ein Heli-Modell mit der Steueranordnung 2, der Modulation PPM, Rotor-Drehrichtung rechts, Taumelscheibenanlenkung 3Sv(2Roll) und Pitch-min hinten. Ist das HF-Signal noch nicht aktiviert, so schalten Sie den Sender aus und wieder ein und aktivieren das HF-Signal. Drehen Sie den CTRL7 (Gaslimiter) so auf Anschlag, dass das Trimmsymbol des Gasknüppels verschwindet. Haben Sie bereits Erfahrung mit Flächenmodellen oder wollen aus anderen Gründen (z.B. gleiche Belegung wie beim Fluglehrer) den Gashebel auf der rechten Seite haben, können Sie natürlich alternativ die Steueranordnung 1 konfigurieren. Entsprechendes gilt für Pitch-min. Die anderen Einstellungen sollten Sie wie vorgeschlagen übernehmen.

Bewusst wird hier noch nicht auf die Einrichtung von Flugphasen eingegangen, denn nach der Einrichtung eines Heli-Modells ist dessen senderseitig voreingestellte Normal-Flugphase ideal für Konfiguration der Regler.

3.5.1   Der Regler Align RCE-BL35G

Haben Sie die Verkabelung durchgeführt und ist der Sender konfiguriert und mit aktiviertem HF-Signal eingeschaltet, verbinden Sie den Akku mit dem Regler!

Wenn die Verkabelung bis hier korrekt durchgeführt wurde, meldet sich der Regler akustisch und die blaue LED des Empfängers leuchtet. Ist dies nicht der Fall, so sollten Sie die Schritte in Abschnitt 3.2 wiederholen, um Sender und Empfänger aufeinander abzustimmen.

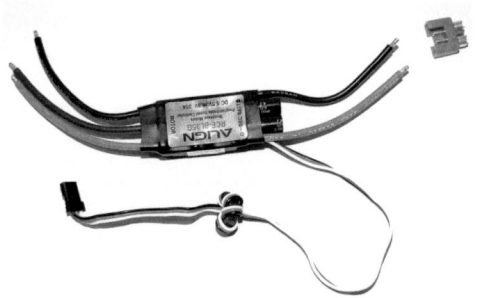

Abb. 3.9: Regler Align RCE-BL35G

Lösen Sie die Steckerverbindung zum Akku, schieben den Gasknüppel am Sender auf Vollausschlag und verbinden Akku und Regler erneut. Piep-Töne des Reglers bestätigen die Anwahl des Setup-Modes. Sollten Sie jedoch schnell hintereinander folgende Pieptöne gleicher Frequenz hören, so kontrollieren Sie den Gaslimiter (wurde dieser am Sender auf einen anderen Drehregler konfiguriert?) und die eingestellten Min-/Max-Positionen des Gasknüppels.

Wenn der Regler die erste „Melodie" abgespielt hat, bewegen Sie den Gasknüppel zurück auf die Nullposition; auch dies wird vom Regler akustisch quittiert. Im Folgenden wird die Arbeitsweise des Reglers eingestellt. Der Vorschlag des Autors ist eine abgeschaltete Motorbremse (schont die Zahnräder, mag auch für Autorotation wichtig sein), ein mittleres elektronisches Timing, eine „High voltage protection" als „Battery Protection" (BP), Auswahl des Helikopters 2 (sanftes Anlaufen des Motors und Governor-Mode, der bei Pitchänderungen die Drehzahl konstant hält) und eine mittlere Antwortzeit des Throttles. Dies ist nur als Vorschlag zu verstehen. Insbesondere bei der Einstellung der BP gibt es unterschiedliche Ansichten. Wenn Sie wie vorgeschlagen die BP auf High-voltage einstellen, wird der Regler bei einer Einzelzellenspannung von 3,2 Volt die Leistung reduzieren, ab 2,9 Volt schaltet er den Motor ab. Eigentlich sollten Sie diesen Notnagel nie benötigen, denn als Pilot sollten Sie sich am Sender einen Timer von beispielsweise 10 Minuten stellen, dessen Ablauf das Signal zum Landen sein sollte. Überschreiten Sie aber die mögliche Flugzeit, die der Akku hergibt, so wird der Regler bei Erreichen der durch die BP eingestellten Spannung die Leistung zurückfahren. Für einen ungeübten Piloten wird die Landung dann anspruchsvoll...

Wenn der Regler nun einen Piepton von sich gibt, schieben Sie den Knüppel auf die Minimalposition, in der Doppelpieptonphase auf die mittlere Gasposition, und so fort (Gasknüppelposition: Min → Mitte → Min → Max → Mitte). Bestätigt der Regler den Abschluss des Setups, so stellen Sie den Gasknüppel wieder auf die Min-Position und lösen den Akku vom Regler. Der Regler ist nun eingestellt und wird beim nächsten Start mit diesen Parametern arbeiten.

Sie sollten die grundsätzliche Funktionsweise nun testen, indem Sie den Gasknüppel weiterhin auf der Nullposition belassen und den Akku erneut anschließen. Der Regler sollte nun nicht mehr im Setup-Modus laufen. Ziehen Sie nun ein wenig

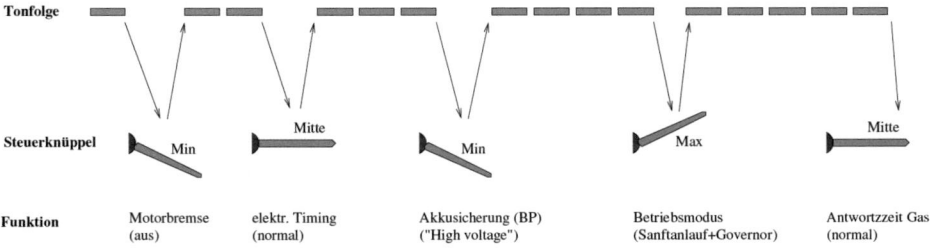

Abb. 3.10: Konfiguration des Reglers Align RCE-BL35G. Abfolge ohne Quittierungstonsequenzen

am Gasknüppel, so sollte der Motor starten. Sollten Sie entgegen des Ratschlags zu Beginn dieses Kapitels den Motor nicht weit genug vom Hauptzahnrad geschoben haben, dürfen Sie an dieser Stelle wahrscheinlich wieder an den Anfang zurückblättern und das Modell ein weiteres Mal zusammenbauen...

3.5.2 Heli-Modus mit dem Jazz 40-6-18

Der Regler Jazz 40-6-18 der Firma Kontronik wird von Modellpiloten sehr gerne eingesetzt, weil er im Ruf steht, ein ausgeklügeltes Regelverhalten zu besitzen und im Governor-Mode fast unschlagbar zu sein. Da ein Heli normalerweise immer mit konstanter Drehzahl geflogen wird, nehmen viele Piloten den höheren Preis gerne in Kauf.

Dem Regler sollte ein Jumper beiliegen. Um in den Konfigurationsmodus zu gelangen, muss dieser Jumper vor dem Einschalten des Reglers auf (beliebige) zwei der drei Programmierkontakte aufgesteckt werden. Hier wird nun beschrieben, wie Sie den Regler auf den Governor-Modus einstellen und die Unterspannungs-Ausschaltung für den Einsatz von Lipo-Zellen aktivieren. Schalten Sie den Sender ein und stellen den Gasknüppel auf die Nullposition. Verbinden Sie nun den Akku mit dem Regler. Sie werden drei aufsteigende Töne hören. Ziehen Sie dann den Jumper ab und warten Sie auf drei absteigende Töne. Es beginnt eine Reihe von Tonfolgeblöcken, die der Konfiguration dienen. Nach dem Tonblock aus 9 Tönen schieben Sie den Gasknüppel auf die Vollgasposition. Sie hören wieder drei absteigende Töne, danach 9 Töne gleichbleibender Höhe. Lösen Sie den Akku vom Regler. Der Lipo-Modus ist nun aktiviert. Wie schon bezüglich der Battery Protection im Kapitel 3.5.1 zum RCE-BL35G geschrieben, sollte dieser Notnagel niemals zum Einsatz kommen, sondern ein geeignet eingestellter Timer das Signal zum Laden sein.

Wiederholen Sie nun die eben beschriebenen Schritte, doch stellen Sie den Gas-

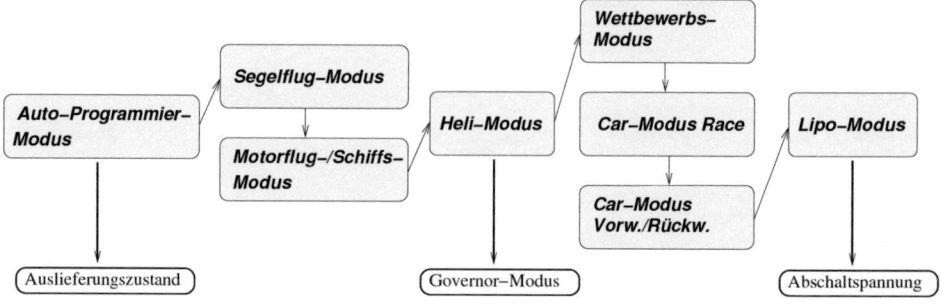

Abb. 3.11: Konfigurationsmodus des Jazz 40-6-18. Mit dem Helimodus stellt man den Governor-Modus ein. Mit dem Lipo-Modus bestimmt man die Unterspannungs-Ausschaltung.

knüppel nun schon bei dem aus vier Tönen bestehenden Block auf Vollgas. Dadurch wird der Heli-Modus aktiviert. Dies bedeutet, dass sowohl der Governor-Modus gewählt ist als auch der Sanftanlauf eingestellt wurde.

Sie sollten nun testen, ob die Einstellungen korrekt sind. Stellen Sie den Gasknüppel wieder auf Null, verbinden Sie den Antriebsakku mit dem Regler und warten Sie ab, ob Sie nun 2 Blöcke von jeweils drei aufsteigenden Tönen hören. Ist dies der Fall, so ist der Lipo-Modus aktiv. Schieben Sie den Gasknüppel vorsichtig ein wenig Richtung Vollgas und beobachten Sie das Motorverhalten. Ein aktivierter Sanftanlauf sollte beweisen, dass der Heli-Modus eingestellt ist. Es sei bemerkt, dass einige Anleitungen die Konfiguration des Reglers mit drei festen Gaswerten vornehmen, die bestenfalls auf einem 3-Positionen-Kippschalter des Senders programmiert sind. Der Autor hat jedoch bewusst an dieser Stelle (noch) darauf verzichtet, eine solche senderseitige Konfiguration vorzustellen. Dies hat folgenden Grund: Wenn Sie den eben beschriebenen Test durchführen und feststellen müssen, dass die Konfiguration des Reglers nicht erfolgreich war, so haben Sie ihre Zahnräder aufgrund des möglicherweise deaktivierten Sanftanlaufs unnötig belastet oder vielleicht sogar beschädigt.

3.6   Einstellung der Flugphasen

Waren die bisherigen Einstellungen am Sender in Abschnitt 3.5 zur Konfiguration des Reglers ausreichend, so sollten Sie nun Flugphasen definieren, wie sie für alle späteren Schritte und auch im wirklichen Flugbetrieb benötigt werden.

An der mx-16s lassen sich drei Flugphasen einstellen. Der Autor empfiehlt, die

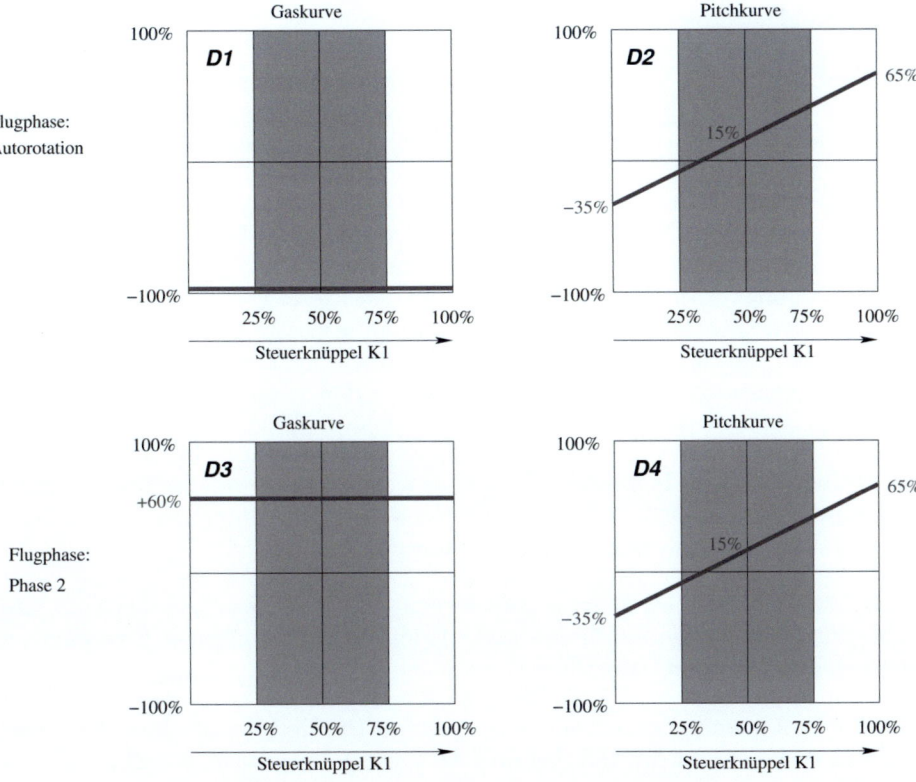

Abb. 3.12: Mögliche Gas- und Pitchkurven

Umschaltung per Kippschalter mit drei Positionen vorzunehmen. Da sich bei der mx-16s der Schalter SW6/7 anbietet, wird dessen Konfiguration auch hier beschrieben. Die erste Flugphase (normal) muss nicht besonders konfiguriert werden. Sie haben Sie bereits für die Programmierung der Regler verwendet.

Drücken Sie nun den Schalter SW6/7 ganz nach hinten, gehen in das Hauptmenü des Senders und wählen „Grundeinstellungen" aus. Mit gedrückter SELECT-Taste und „-" wählen Sie „Phase 2" aus. Drücken Sie nun die „-"-Taste ohne SELECT und dann SELECT ohne die Minustaste. Sie werden aufgefordert, einen Schalter in die EIN-Position zu stellen. Drücken Sie den SW6/7-Kippschalter in die Mittelposition.

Wählen Sie im Grundeinstellungs-Menü nun den Punkt „Autorotation" aus und gehen nach dem gleichen Verfahren vor. Diesmal drücken Sie den Kippschalter

SW6/7 ganz nach oben.

Verlassen Sie nun das Menü und testen Sie die Einstellungen: Wenn Sie den Kipp-schalter SW6/7 betätigen, so sollten Sie zwischen den Flugphasen Autorotation, Phase 2 (diesen Namen können Sie ändern) und Normal umschalten können.

Zum Betrieb sollten Sie immer mindestens zwei Flugphasen definieren. Eine Flug-phase ist die Autorotation: Diese Phase nutzen die erfahrenen Piloten für eine Landung bei ausgefallenem Motor oder für eine Simulation dieser Situation. Aber die Verwendung dieser Flugphase ist auch für den Einsteiger sinnvoll: Ist der Sen-der in dieser Phase, so wird sich beim Einschalten des Helis dessen Rotor nicht drehen. Auch nach der Landung kann man in diese Flugphase umschalten, möchte man sicher gehen, dass eine Annäherung an den Heli so ungefährlich wie möglich ist.

Die zweite Phase (im Folgenden als „Phase 2" bezeichnet) soll für den normalen Flug eingesetzt werden (Start, Landung, Schweben, Rundflug, usw.). Eine dritte Phase könnte beispielsweise für 3D-Flug genutzt werden.

Es sei erwähnt, dass es so viele verschiedene Meinungen zu idealen Gas- und Pitch-Kurven gibt, wie es Piloten gibt. Jeder wird seine eigenen Einstellungen finden und an seine mechanischen Komponenten anpassen müssen.

Es wird davon ausgegangen, dass der Regler im Heli-Modus betrieben wird (Governor-Mode) und der Heli bei 50% Gasknüppelweg abheben soll.

In den folgenden Diagrammen ist der Steuerbereich, in dem Sie normalerweise fliegen (25% bis 75% des Gaspitchsteuerknüppelbereichs), farblich gekennzeich-net.

Im Diagramm D3 erkennt man, dass der Regler einen konstanten Gaswert von 80% (Gasknüppelwert geht von -100% bis 100%, daher entspricht 60% des Gas-knüppelwerts einem Gaswert von 80%) einstellen soll. Der Regler hat noch genü-gend Spielraum, um bis maximal 100% zu regeln. Diese Einstellung sollte zu einer passenden Drehzahl führen, anderenfalls sollte man ein anderes Ritzel einsetzen, um den Regler nicht im Teillastbereich zu betreiben. Im Kapitel 3.10 wird die Messung der Drehzahl beschrieben.

Die Pitchkurve müssen Sie später sicher noch etwas anpassen. Dann werden Sie in der Mittelstellung des Gaspitchknüppels eine Blattanstellung von etwa 5^0 zum Schweben erreichen wollen. 3D-Piloten haben auf der Knüppelmitte übrigens meist 0^0 Pitch, damit der Heli im Rückenflug und im Normalflug ein symmetri-sches Steuerverhalten zeigt. Diese Einstellungen werden in Kapitel 3.8 erläutert.

Natürlich könnte man die werksseitig voreingestellte Pitchkurve verwenden und das Pitchverhalten rein durch mechanische Einstellung festlegen. Wenn Sie jedoch schon jetzt eine Pitchkurve definieren, die nicht den gesamten Wertebereich ausnutzt, sondern wie hier vorgeschlagen nach unten und oben noch etwas „Freiraum" lässt, sind Sie später bei der mechanischen Justierung etwas flexibler. Außerdem haben Sie dann die Freiheit, ohne Änderungen an der Mechanik neue Flugphasen mit anderen Pitchbereichen zu definieren.

Da sich diese Anleitung vor allem an die Piloten richtet, die noch keine Erfahrung mit dem T-Rex haben, soll auch eine weitere Konfiguration vorgestellt werden: Der Gasknüppelweg 0-25% soll hier nicht für den normalen Flug konfiguriert werden, sondern nur für schnelle Notlandungen dienen, bei denen die Motorleistung sofort zurückgenommen werden muss, aber der Heli noch einigermaßen steuerbar auf den Boden auftreffen soll (Abb. 3.13). Bei einem überraschenden unvermeidbaren Crash ist es für den Einsteiger nämlich sicherlich schneller möglich, den Steuerknüppel auf Null zu ziehen, als per Flugphasenkippschalter in die Autorotation überzugehen. Obwohl man diesen Steuerknüppelbereich auch für Start und Landung verwenden kann, schlägt der Autor zum Starten vor, den Sender auf Autorotationsmodus zu stellen, den Heli einzuschalten, den Gasknüppel auf 25% zu schieben und dann in die Phase 2 umzuschalten. Per Sanftanlauf sollte die Drehzahl des Rotors langsam bis zur Zieldrehzahl ansteigen. Ein Risiko dieser Einstellung darf aber nicht verschwiegen werden: Sollten Sie versehentlich im Flug den Gasknüppel auch nur kurzzeitig in den *Notfallbereich* ziehen, wird die Motorleistung aufgrund des aktivierten Sanftanlaufs nicht sofort wieder zur Verfügung stehen!

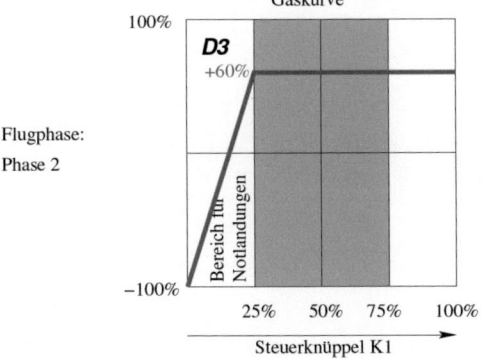 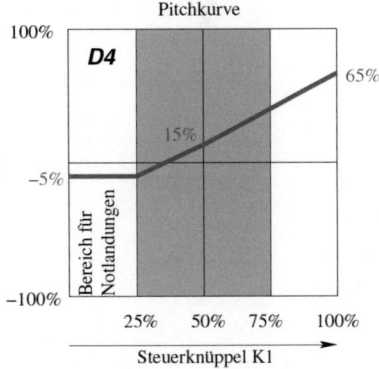

Abb. 3.13: Mögliche Gas- und Pitchkurven für den Anfang für Notlandungen mit möglichst kleinem Schaden

3.7 Verbinden der Servos und des Gyros

In diesem Abschnitt ist der Motor nicht von Interesse: Benutzen Sie den Gas-limiter oder stellen mechanisch sicher, dass sich die Rotoren nicht versehentlich drehen können!

An dieser Stelle wird davon ausgegangen, dass Sie den Gyro GY401 verwenden! Im Unterschied zu vielen anderen Gyros kann dessen Kreiselwirkung am Sender eingestellt werden.

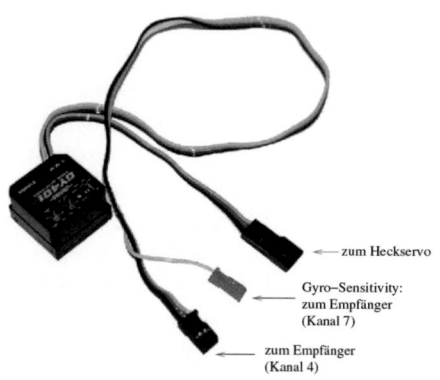

zum Heckservo

Gyro–Sensitivity:
zum Empfänger
(Kanal 7)

zum Empfänger
(Kanal 4)

Abb. 3.14: Der Gyro GY 401

Bevor der Gyro fest aufgeklebt und eingestellt wird, sollten nun alle Ka-bel mit dem Empfänger verbunden werden.

Stellen Sie alle Knüppel des Senders auf die Mittelposition und setzen Sie nun die Hebelarme auf den Servos so auf, dass diese die Mittelpositi-on genau einnehmen. Dann verbin-den Sie die Anlenkgestänge zwischen Taumelscheibe und den Servoarmen.

Sollten Sie alle Servos des Typs HS-65HB wie auf den Bildern dieser Anleitung eingebaut haben, so müssen Sie am Sender die Umkehrung des Servos 1 und 3 (Invertierung) einstellen, damit alle Servoausschläge in die korrekte Richtung erfolgen.

Sollte dies jedoch nicht der Fall sein, so gehen Sie für die Taumelscheibenser-vos so vor: Schalten Sie Sender und Empfänger ein und bewegen Sie den Gas-pitchknüppel Richtung Ma-ximum. Bewegt sich die Taumelscheibe dabei nicht gleichmäßig nach oben, müs-sen Sie die Servo-Umkehr eines oder mehrerer Servos konfigurieren. Bewegen Sie

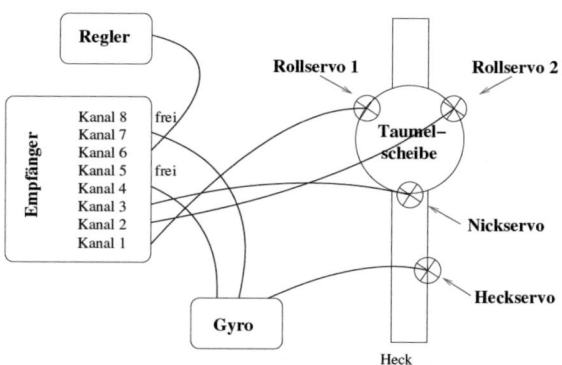

Regler

Rollservo 1   Rollservo 2

Empfänger
Kanal 8   frei
Kanal 7
Kanal 6
Kanal 5   frei
Kanal 4
Kanal 3
Kanal 2
Kanal 1

Taumel–
scheibe

Nickservo

Heckservo

Gyro

Heck

Abb. 3.15: Kabelverbindungen

nun den Nick-Knüppel nach vorne. Kippt die Taumelscheibe nicht nach vorne, so müssen Sie im Sendermenü TS-Mixer die *Funktion* Nick umkehren. Führen Sie den gleichen Test für die Roll-Funktion durch. Achten Sie darauf, dass es bei keiner Steuerknüppelbewegung zum Anschlag der Servos kommen kann. Der Heckservo soll durch den Gyro angesteuert werden und wird später konfiguriert.

Verbinden Sie alle Servokabel und den Gyro mit dem Empfänger bzw. Heckservo wie in der Abbildung dargestellt. Übrigens müssen Sie jeweils eine Lasche an den Steckern des GY401 abkneifen, damit diese in die Buchsen des Empfängers passen. Stellen Sie am Gyro den Schalter DS („Digital Servo") auf Off, es sei denn, Sie verwenden für den Heckansteuerung einen Digitalservo.

Testen Sie nochmal, ob die Taumelscheibenservos bei Nick- und Roll-Steuerbewegungen die richtigen Ausschläge zeigen. Geben Sie kurz Gas und überprüfen Sie mit einer Bewegung des Hecksteuerknüppels, ob der Heckservo eine Reaktion zeigt. Drehen Sie nun den Gyro so, als würde sich das Heck drehen. Wenn nun der Heckservo dagegen steuert, so stimmt die Verkabelung.

Nun können Sie den Gyro auf dem Heckschuh des Helis befestigen. Benutzen Sie dazu die dem Gyro beiliegenden Klebeschaumstoffplättchen, damit später keine Vibrationen den Betrieb stören.

Überprüfen Sie vorsichtig, ob alle Bewegungen noch vollständig ausführbar sind. Wenn es an einigen Stellen blockiert, kann der Hebelarm zu groß gewählt sein. In diesem Fall lässt sich dies sowohl mechanisch durch anderes Einhängen des Gestänges oder elektronisch durch eine Servowegbegrenzung einstellen.

3.8   Pitch und Spurlauf

Achten Sie darauf, dass die Rotorblätter nicht so locker eingehängt sind, dass sie beim Anfahren ins Heckrohr einschlagen könnten. Andererseits dürfen sie nicht zu stark fixiert werden, damit sie sich durch die Fliehkraft selbst ausrichten können.

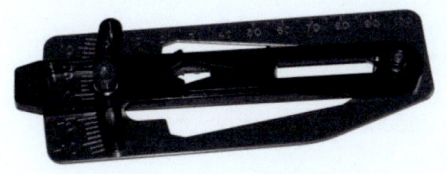

Für den Anfänger sind kleinere Pitchwerte vorteilhafter. Ein wichtiges Hilfsmittel für die korrekte Einstellung der Blattanstellung ist die Pitchlehre. Mit diesem Werkzeug lässt sich genau ablesen, wie groß der Anstellwinkel der Hauptrotorblätter bei einer vorgegebenen Steuerknüppelposition ist. Dieses Werkzeug kann man auch leicht selbst herstellen, aber die im Handel erhältlichen

Abb. 3.16: Pitchlehre

Pitchlehren sind meist so preiswert, dass sich das Basteln nicht lohnt.

Die Pitchlehre wird zu 2/3 auf eines der zu vermessenden Hauptrotorblätter geschoben. Die Fernbedienung wird eingeschaltet, aber so eingestellt, dass der Motor nicht anläuft. Dies ist am besten durch Verwendung des Gaslimiters zu erreichen. Der nächste Schritt besteht in der Auswahl der Flugphase, für die die Messung vorgenommen werden soll.

Abb. 3.17: Einstellung der Blattanstellung mit der Pitchlehre

Sind die Rotorblätter normal und die Paddelstange einigermaßen waagerecht ausgerichtet (hier hilft eine kleine Wasserwaage), so lässt sich anhand eines Blicks über die Pitchlehre der Anstellwinkel zur dahinter verlaufenden Paddelstange ablesen.

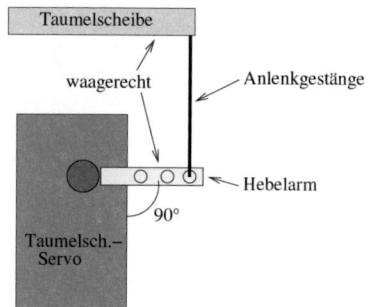

Abb. 3.18: Gaspitchknüppel in Mittelposition

Die Flugphasen für Flug und Autorotation haben Sie bereits in Kapitel 3.6 konfiguriert. Vorzugsweise ist zumindest der festgelegte Schwebepitchwert in allen Flugphasen gleich. Schalten Sie in die Autorotations-Flugphase oder stellen Sie mit dem Gaslimiter sicher, dass der Motor nicht anlaufen kann. Drücken Sie den Gasknüppel in die Mittelposition. Setzen Sie nun die Hebelarme waagerecht auf die Servos auf. Sitzt die Taumelscheibe schief, so passen Sie die Längen der Anlenkgestänge an, bis die Taumelscheibe korrekt ausgerichtet ist. Messen Sie mit der Pitchlehre die Blattanstellung. Verlängern oder verkürzen Sie die Gestänge aller drei Taumelscheibenanlenkungen gleichermaßen, bis Sie in der Mittelstellung bei waagerecht aufgesetzten Hebelarmen einen Pitchwert von 5^0 eingestellt haben. Kleine Anpassungen können Sie auch mit der Sendertrimmung vornehmen, aber vergessen Sie nicht, dass Sie solche Anpassungen für jede Flugphase durchführen müssen. Nun können Sie die Hebelarme fest auf die Servos schrauben.

Beim Bewegen des Gasknüppels ändert sich dieser Anstellwinkel. Wichtig sind die Endanschläge (wie stark reagiert der Pitch) und der Schwebepitch, d.h. der Pitch bei Mittelstellung des Knüppels.

Für den T-Rex 450 sind Werte zwischen -8^0 und $+12^0$ sinnvoll. Als Anfänger sollte man mit negativen Pitchwerte sehr vorsichtig sein. Einstellungen mit großen negativen Pitchwerten werden bevorzugt für 3D-Flug konfiguriert.

Messen Sie nun den Minimal- und Maximal-Pitch. Für den Anfang ist ein Minimal-Pitch von -4^0 und ein Maximal-Pitch von 12^0 angebracht. Stimmen die Werte nicht, so können Sie die Gestänge anders in die Hebelarme einhängen, die Taumelscheiben-Mixer anpassen oder die Pitchkurven vorsichtig verändern. Keinesfalls darf es natürlich zum Anschlag kommen.

Jetzt wird es ernst! Ziehen Sie alle Schrauben, die sich während des Betriebs in einer Rotationsbewegung befinden, an oder fixieren Sie diese noch mit Kleber bzw. Schraubensicherungslack, wenn nicht bereits geschehen! Schieben Sie den Motor soweit an das Hauptzahnrad, dass die Zähne leicht ineinander greifen. Als Faustregel gilt, dass noch ein dünnes Papierchen zwischen die beiden Zahnräder passen sollte. Schrauben Sie den Motor fest.

 *Der T-Rex ist extrem agil. Deshalb soll an dieser Stelle nochmal explizit darauf hingewiesen werden: Ein Modellhelikopter ist kein Spielzeug und der Betrieb birgt insbesondere bei Überschätzung und/oder falscher Einstellung große Gefahren nicht nur für das Modell, sondern für alle Personen und Gegenstände, die sich im weiten Umkreis des Flugfeldes befinden.*

Aktivieren Sie den Autorotationsmodus am Sender, damit der Motor sich nicht dreht. Verbinden Sie den Antriebsakku mit dem Regler. Warten Sie 3 Sekunden, damit sich der Gyro initialisieren kann. Bewegen Sie nun den Gasknüppel so, dass noch kein positiver Pitch anliegt (Gasknüppelposition 25%).

Jetzt schalten Sie in den Phase-2-Modus. Der Motor sollte sanft anlaufen und eine hohe Drehzahl erreichen. Warten Sie, bis die Motordrehzahl konstant ist. Besitzen Sie einen Drehzahlmesser, so sollten Sie diesen einsetzen. Viele Piloten fliegen den T-Rex 450 mit einer Drehzahl um die 2500 U/min (siehe Kapitel 3.10).

Betrachten Sie in der Rotorebene, ob beide Blätter in der gleichen Höhe drehen. Ist dies nicht der Fall, markieren Sie beide Blätter mit Streifen unterschiedlicher Farbe und wiederholen den Versuch. Anhand der Farben identifizieren Sie das Rotorblatt, welches zu hoch steht. Korrigieren Sie die Blattanstellung durch Veränderung der Gestängelänge und wiederholen Sie alles, bis der Spurlauf korrekt ist. Der gesamte Heli sollte nun sehr vibrationsarm sein.

3.9   Der Gyro

Sollten Sie noch wenig Flugerfahrung haben, so sollten Sie sich für die weitere Einstellung des Gyros, die nur im Flugbetrieb möglich ist, einen erfahrenen Piloten zur Seite holen.

In dieser Anleitung wird die Benutzung des Gyros GY401 beschrieben. Andere Gyros können sich grundlegend in der Art und Weise der Einstellungen unterscheiden!

Als ersten Schritt müssen Sie sich wieder mit dem Heliprogramm im Sender beschäftigen. Stellen Sie die Heckrotortrimmung auf den Neutralwert in der Mitte der Skala.

Da der GY401 die Möglichkeit bietet, dass man dessen Kreiselwirkung am Sender einstellen kann, sollten Sie dazu einem Eingang im Sender einen Schalter zuordnen. In der mx-16s gehen Sie nach dem Einschalten und Anwahl des zu konfigurierenden Helimodells in das Menü „Gebereinst.". Die Selektion steht auf Eingang E5, wählen Sie den Eingang „Gyr" aus. Dieser sollte noch frei sein, wenn Sie nicht bereits vorher Einstellungen in diesem Menü vorgenommen haben. Drücken Sie die Select-Taste. Sie werden aufgefordert, einen Schalter oder Geber zu betätigen. Da es sich bei der Kreiselwirkung nicht um einen zweistufigen Zustand handelt, sollten Sie einen Geber zuordnen, der viele mögliche Werte zulässt. Es bietet sich der Taster CTRL6 an. Betätigen Sie diesen so lange, bis die Zuordnung vom Sender quittiert wurde. Belassen Sie die anderen Einstellungen SYM/ASY dieses Eingangs bei den voreingestellten Werten.

Nicht der Sender, sondern der Gyro soll den Heckservo steuern. Deswegen muss die Heckbeimischung am Sender deaktiviert werden. Rufen Sie das Menü des Senders auf, wählen den Punkt „Helimischer" an und konfigurieren eine Nullkurve für den Mischer „K1 -> Heck". Näheres zum Thema *Mischer* wurde in Kapitel 3.4.2 erklärt.

 Wie schon an vorangegangener Stelle erwähnt, sollten Sie den Schalter DS am Gyro nur dann auf ON stellen, wenn Sie ein Digitalservo angeschlossen haben (zum Beispiel Futaba S9254 oder S9253)! Die Heckstabilität ist aber auch mit dem hier vorgestellten analogen HS-65HB-Servo ausreichend, wenn man keine anspruchsvollen Akrobatik-Manöver fliegen möchte.

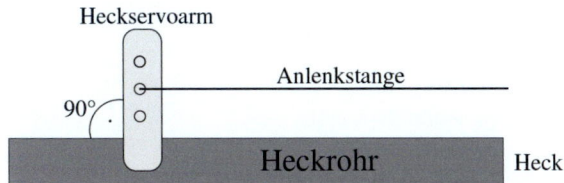

Abb. 3.19: Initiale Ausrichtung des Heckservos

Stellen Sie Kreiselwirkung zunächst auf 25% ein. Benutzen Sie die mx-16s, so wird für die Zeit der Betätigung des Tasters CTRL 6 ein Trimmschieber eingeblendet. Betrachten Sie die LED am Gyro. Sie sollte beim Einschalten während der Initialisierungsphase geblinkt haben und nun aus sein. Leuchtet sie dagegen, so befindet sich der Gyro noch im AVCS-Modus. In diesem Fall kontrollieren Sie erneut die am Sender eingestellte Kreiselwirkung: Bei Werten unter 50% sollte die LED erlöschen und der Gyro im Normal-Mode arbeiten.

Kontrollieren Sie nun, dass sich der Servoarm des Heckservos genau 90^0 zum Heckrohr befindet. Verändern Sie dazu nicht die Hecktrimmung, sondern stellen Sie dies mechanisch ein! Wenn der Servohebel sich nicht exakt auf 90^0 ausrichten lässt, drehen Sie ihn probeweise um 180^0, denn die Gewinde der Hebel sind nicht symetrisch.

Testen Sie die korrekte Wirkrichtung von Steuerknüppel und Gyro: Bewegen Sie den Steuerknüppel und beobachten Sie, ob das Heck in die korrekte Richtung steuert. Ist dies nicht der Fall, so ist senderseitig eine Invertierung vorzunehmen. Drehen Sie nun den Heli ruckartig und überprüfen Sie, dass der Gyro in die richtige Richtung gegensteuert. Steuert er in die falsche Richtung, so ändern sie die Wirkrichtung am DIR-Schieber des Gyros.

Als abschließenden Schritt bewegen Sie den Hecksteuerknüppel in beide Richtungen bis zum Vollausschlag. Stößt der Heckservo nun an seine mechanischen Grenzen, so begrenzen Sie den Ausschlag mit dem LIMIT-Drehregler am Gyro. Reicht dies nicht, so müssen Sie einen kürzeren Hebelarm am Servo wählen.

Der abschließende Schritt für eine korrekte Einstellung des Gyros kann erst auf dem Flugfeld durchgeführt werden.

Starten Sie den Heli und lassen Sie ihn vom Boden abheben. Dreht er sich weg, so steuern Sie mit der Trimmung dagegen. Am Boden nehmen Sie die Trimmung wieder zurück und verändern die Länge des Gestänges entsprechend. Testen Sie, dass der Servoweg weiterhin nicht mechanisch begrenzt ist. Wiederholen Sie diese Art der Einstellung, bis der Heli ohne Drehung um die Hochachse abhebt.

Erst im Flug werden Sie die richtige Einstellung für die Kreiselempfindlichkeit herausfinden können. Der GY401 wie auch die meisten anderen Gyros beherrschen den AVCS-Modus. Während der Gyro im normalen Modus nur das Drehmoment ausgleicht, versucht er im AVCS-Modus, auch äußeren Einflüssen (z.B. Wind) entgegenzuwirken. Durch Einstellung einer Kreiselempfindlichkeit über 50% schalten Sie den GY401 auf diesen Betriebsmodus um.

Um die richtige Kreiselempfindlichkeit zu finden, sollten Sie die Empfindlichkeit immer weiter erhöhen, bis das Heck im Flug übersteuert und mit Pendelbewegungen beginnt. Reduzieren Sie die Empfindlichkeit daraufhin wieder genau so weit, bis diese Pendelbewegungen aufhören.

Obwohl Sie alle Schritte wie eben beschrieben durchgeführt haben, könnten Sie auf folgendes Problem stoßen: Sie haben den Gyro eingestellt, die Wirkrichtung ist korrekt, auch der Sender steuert das Heck in die richtige Richtung und trotzdem möchte sich das Heck drehen, sowie der Motor gestartet wird? Prüfen Sie die Drehrichtung des Zahnriemens! Wenn Sie den Zahnriemen bei der Montage falsch um den Antrieb gelegt haben, so dreht sich der Rotor falsch herum. Er kann zwar in der Weise kleine Drehmomente ausgleichen, aber bei größeren Drehmomenten reicht seine Kraft nicht. Wenn Sie den Zahnriemen umgelegt haben, müssen Sie die Wirkrichtung von Servo und Gyro anpassen! Eine andere Ursache für das beschriebene Verhalten kann auch eine zu geringe Rotordrehzahl sein.

3.10   Messung und Konstanz der Motorleistung

Bei der richtigen Kombination von Motor, Regler, Ritzel und Senderprogrammierung sollte die Drehzahl stimmen. Dieses sollten Sie jedoch überprüfen. Orientieren Sie sich dabei an den Vorgaben des Herstellers.

Ist die Drehzahl zu klein, so ist der Heli eher instabil, wird Höhenänderungen nur sehr träge durchführen und kann bei starkem Absacken schlecht abgefangen werden. Ist die Drehzahl viel zu klein, so wird auch der Heckrotor, dessen Rotordrehzahl sich nach der Drehzahl des Hauptrotors richtet, nicht mehr genügend Kraft aufbringen können, um dem Drehmoment entgegen zu wirken.

Ist die Drehzahl hingegen zu hoch, so kostet dies nicht nur unnötig Akkuleistung, sondern macht den Heli auch sehr agil. Der Verschleiß nimmt zu und ab einer gewissen Drehzahl ist auch die Sicherheit nicht mehr gewährleistet.

Für die Messung der Drehzahl sollte man einen geeigneten Drehzahlmesser verwenden.

Abb. 3.20: Kleiner optischer Drehzahlmesser

Drehzahlmesser gibt es in allen Preisklassen und mit unterschiedlichen Arbeitsweisen. Im unteren Preissegment sind die Geräte angesiedelt, die mit einer LED-Sensor-Kombination die Hell-Dunkel-Übergänge messen und dazu recht dicht am rotierenden Objekt angebracht werden müssen. Die korrekte Funktion dieser Geräte ist abhängig vom Umgebungslicht. Sind die Rotorblätter dunkel, so muss das Gerät beispielsweise dicht unterhalb des „Drehtellers" angebracht werden, um zum hellen Himmel einen genügenden Kontrast zu bekommen. Da die Rotorenden problemlos Geschwindigkeiten von über 300 km/h erreichen können, sollten diese Geräte niemals mit den Händen über die Rotorebene gehalten werden! Stattdessen ist beispielsweise eine Befestigung am Heckrohr geeignet. Beim Stillstehen des Rotors kann die maximal erreichte Drehzahl abgelesen werden.

Zu den höherpreisigen Alternativen zählen die Geräte, die mit einem Laserstrahl arbeiten. Diesen Geräten liegt in der Regel ein Reflexionsstreifen bei, der auf das rotierende Teil aufgeklebt werden muss. Die Bedienung dieser Geräte ist relativ gefahrlos, wenn Sie die Messung in sicherem Abstand zum Rotor durchfüh-

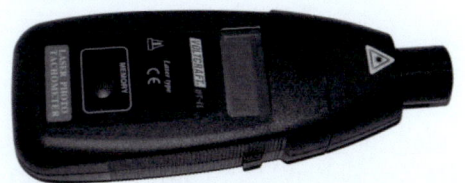

Abb. 3.21: Drehzahlmesser mit Lasertechnik

ren. Außerdem ist der Einsatz unabhängig vom Umgebungslicht. Holen Sie sich einen Helfer, der während der Messung einen Blick auf den Heli hat und dessen Drehzahl mit dem Sender notfalls schnell reduzieren kann!

Eine anderes Messverfahren arbeitet nach dem Stroboskopprinzip. Ein sehr bekanntes Gerät dieses optischen Messverfahrens ist der SkyTach von Avionics. Dieses Gerät erlaubt die Drehzahlmessung auch im Flug. Zum Messen betrachtet man durch einen sich periodisch öffnenden Spalt im Gerät den drehenden Rotor des Helis. Die Frequenz, mit welcher sich dieser Spalt öffnet und schließt, stellt man über zwei Knöpfe an der Rückseite des Geräts ein. Wenn man im Sichtfenster nur noch ein Rotorblatt erkennt, welches stillzustehen scheint, so hat man mit der Frequenz der Spaltöffnung indirekt die Drehzahl des Rotors gefunden (siehe Abbildung 3.22). Die Drehzahl lässt sich vom LCD-Display des Messgeräts ablesen. Es versteht sich von selbst, dass man zur Messung mit diesem Gerät auf eine weitere Person angewiesen ist.

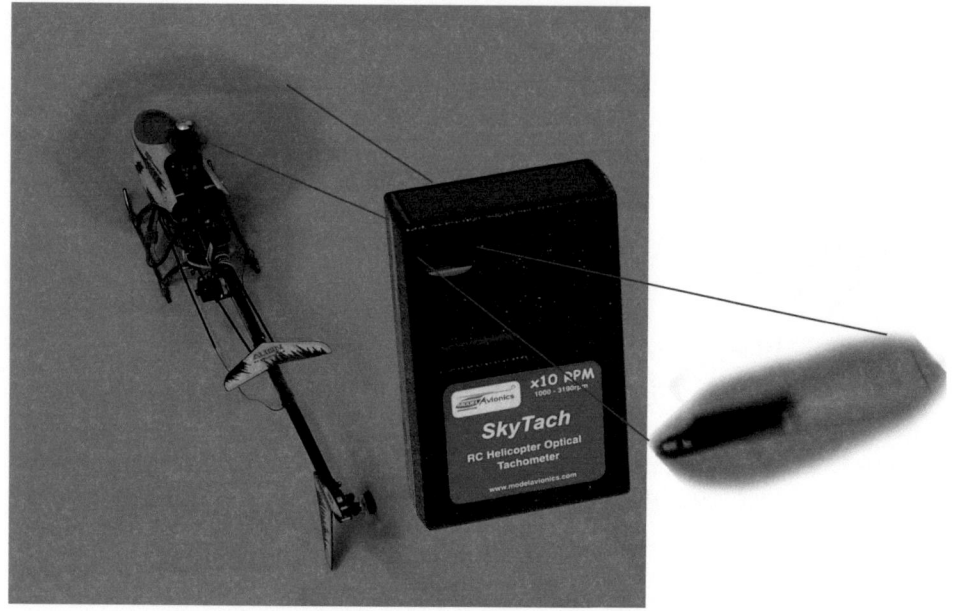

Abb. 3.22: Messung der Drehzahl mit dem SkyTach

Testen Sie nun auch, ob der Heli die gewünschte Drehzahl konstant über *längere* Zeit halten kann und es auch bei unterschiedlichen Belastungen nicht zum Einbruch der Drehzahl kommt. Es könnte folgendes Problem auftreten:

Der Heli steht am Boden und Sie erhöhen die Drehzahl des Motors. Ab einer gewissen Drehzahl regelt der Regler die Leistung wieder herunter, um sie direkt danach wieder zu erhöhen. Das Verhalten ähnelt einem Führerscheinneuling, der an der Ampel mit dem Gas spielt.

Das Verhalten ist ein Zeichen dafür, dass der Regler die geforderte Leistung nicht erbringen kann. Überprüfen Sie zunächst, ob der Akku voll geladen ist und laut Spezifikation die erforderliche Stromstärke liefern kann. Ist dies der Fall, kontrollieren Sie, ob bei hohen Drehzahlen die Pitchservos mechanisch anstoßen. Dies ist leicht möglich, indem Sie mit dem Gaslimiter sicherstellen, dass der Motor nicht anlaufen kann. Stellen Sie dann den Gasknüppel auf den Maximalwert. Der Motor wird sich nicht drehen, aber die Pitchsteuerung ist aktiv. Schlägt die Mechanik der Taumelscheibe oder der Servos irgendwo an?

Kann auch dieser Fall ausgeschlossen werden, so kontrollieren Sie Gas- und Pitch-Kurve und messen die Pitchwerte mit einer Pitchlehre. Wenn an der Abhebe-

Gasknüppelposition ein zu großer Pitch wirkt, kann der Motor die erforderliche Drehzahl womöglich nicht erreichen.

Als *letzten* Schritt sollten Sie versuchen, die Einstellung des Reglers für die „Battery Protection" auf eine niedrigere Spannung zu konfigurieren.

Kapitel 4

Stabilisation

Helikopter besitzen in der Regel konstruktionsbedingt kein eigenstabiles Flug-verhalten. Die Entwicklung des Modellhelikopters war vor allem deswegen so schwierig, weil eine Konstruktion gefunden werden musste, die vom Menschen beherrschbar ist. Daher resultiert auch der vom Großhubschrauber abweichen-de Rotorkopf. Mit den gewichteten Paddeln versucht man ein Modell derart zu stabilisieren, dass man die notwendigen Korrektursteuerungen mit dem menschli-chen Reaktionsvermögen durchführen kann. Die ersten Modellhelis waren in kei-ner Weise elektronisch stabilisiert. Seitdem der Gyro zum Drehmomentausgleich zum Einsatz kommt, ist die Steuerung erheblich einfacher geworden. Doch was bei der Hochachse möglich ist, sollte auch bei allen anderen Achsen einsetzbar sein. Hier gibt es verschiedene Verfahren: Es gibt Stabilisatoren, die rein optisch arbeiten und den Horizont auswerten. Hier besteht die Gefahr, dass bei schlech-ten Lichtverhältnissen (Dunkelheit, Reflektionen, unklare Horizontkonturen) kei-ne Stabilisierung möglich ist. Andere Stabilisatoren dagegen setzen Kreiselsystem ein, um den Heli korrekt auszurichten. Es gibt heute sogar Stabilisiatoren, die sich mit Hilfe des GPS-Signals orientieren und den Heli sogar an festgelegte Orte fliegen lassen. Hierzu gibt es Bastelanleitungen im Internet für den Einsatz in Quadrokoptern als auch kommerzielle Produkte wie zum Beispiel die Weiterent-wicklung des HeliCommand Profi der Firma Captron, welcher zukünftig in erster Version mit einem GPS zur Positionshaltung in allen Höhen ausgestattet werden soll (Stand Nov. 2007).

Mit Stabilisatoren lässt sich die Steuerung leichter erlernen. Mit zunehmender Übung kann der Lernende den Einfluss des Stabilisators immer weiter verringern, um am Ende komplett ohne ihn auszukommen.

Auch die Filmindustrie nutzt elektronische Stabilisatoren, um ruhige Kameraflü-ge über abzufilmenden Kulissen zu realisieren. Mit Stabilisatoren lassen sich auch bei leicht böigem Wetter noch akzeptable Aufnahmen erreichen und der Pilot kann seinen Heli bei Bedarf so hoch fliegen lassen, dass er selbst die Fluglage nicht mehr ohne diese elektronischen Hilfsmittel stabil halten könnte.

Es gibt mittlerweile einige Anleitungen im Internet zum Bau solcher Stabilisa-tionssysteme. Diese sind meist auf Quadrokopter oder auf Helis mit einer 90^0-Taumelscheiben-Anlenkung bezogen. Kommerzielle Stabilisatoren können jedoch auch die 120^0-Anlenkungen korrekt bedienen.

4.1 HeliCommand 3D

4.1.1 Über den HeliCommand 3D

Der HeliCommand 3D der Herstellerfirma Captron (Bezug in Europa über die Firma Robbe Modellsport) ist eine Kombination aus Kreisel- und optischem Verfahren: Zur Stabilisierung des Helis in 3 Achsen setzt er auf seine integrierten Gyros und für die Ortsinformation bedient er sich einer optische Abtastung, die auf den Untergrund gerichtet ist.

Es gibt den HeliCommand in drei Versionen: als 3A (Basisversion mit Horizontalstabilisierung im Normalflug und Positionsmodus), als 3D (wie 3A, jedoch zusätzlich mit Horizontalstabilisierung im Rückenflug) und als Rigid (wie 3D, aber mit Rigid-Funktion zur Nutzung mit paddellosen Rotorköpfen, wahlweise in Verbindung mit Stabilisierungshilfe oder reiner Rigid-Unterstützung nutzbar). Weitergehende Informationen finden sich unter www.helicommand.com.

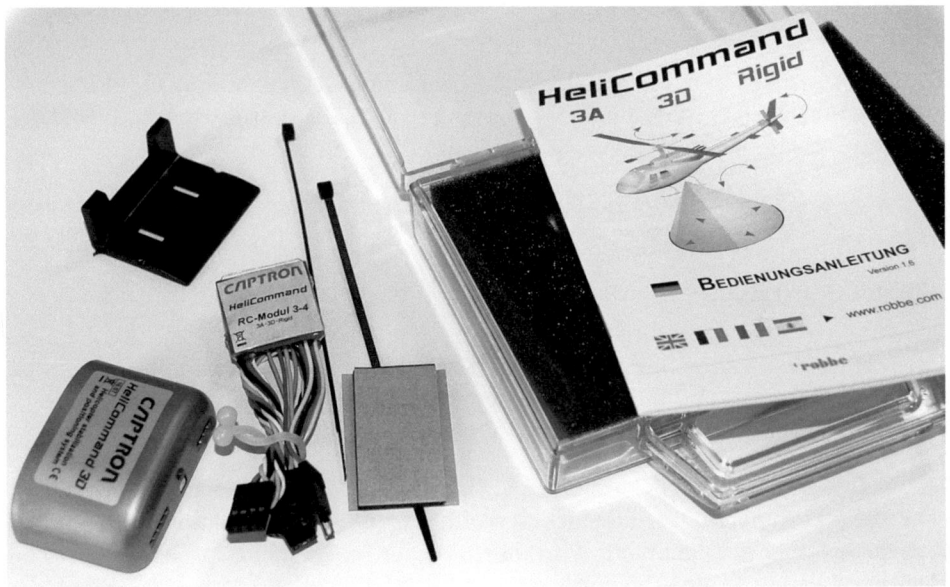

Abb. 4.1: Packungsinhalt

Der HeliCommand 3D wird in einem aufklappbaren Kunststoffbehälter ausgeliefert. Darin befinden sich neben der Bedienungsanleitung die elektronischen Bauteile und das Befestigungsmaterial in Schaumstoff eingebettet.

Betrachtet man den HeliCommand 3D, so fällt sofort das eingesetzte Fenster auf, durch den die integrierte Optik den Boden betrachten soll.

Darin unterscheidet er sich auch von seinem Vorgänger, dem HeliCommand 3A, der noch keine optische Orientierungsmöglichkeit vorsah. Das RC-Modul sowie die beiliegende Anleitung sind für die Modelle 3A und Rigid identisch.

Abb. 4.2: Kamerafenster

4.1.2 Voraussetzungen

Der HeliCommand kann an einer Vielzahl von Modellen eingesetzt werden, da eigentlich alle gängigen Taumelscheibenanlenkungen unterstützt werden.

Prinzipiell reicht eine 4- oder 5-Kanal-Fernsteuerung (je nachdem, ob pitchgesteuert geflogen werden soll), aber komfortabler wird es, wenn man zumindest einen weiteren Kanal für die Einstellung der Empfindlichkeit und des Betriebsmodus spendiert. Des Weiteren ist ein zusätzlicher Kanal für die Autotrimmung sehr vorteilhaft.

Da man statt des integrierten Heckgyros auch auf einen externen Gyro zurückgreifen kann, ist eventuell noch ein weiterer Kanal für dessen Empfindlichkeitssteuerung einzuplanen.

Mit einer 8-Kanal-Sender-Empfänger Kombination ist man also auf der sicheren Seite...

4.1.3 Einbau

Laut Anleitung soll es besonders wichtig sein, dass zum Potentialausgleich eine elektrisch leitende Verbindung zwischen Heckrohr, Motorgehäuse und Chassis besteht. Diese kann mit einem Draht hergestellt werden.

Die Befestigung des HeliCommands ist mit dem beiliegenden Kunststoffhalter sehr einfach: Zunächst wird der Kunststoffhalter dämpfungsfrei am Heckrohr befestigt. Je höher er angebracht wird, desto besser funktioniert später die optische Positionshaltung in niedrigen Höhen bzw. beim Abheben (Abb. 4.3). Statt die Kabelbinder zu fest um das Heckrohr zu schlingen, sollte man zusätzlich guten Klebestreifen verwenden, um ein Verrutschen des Halters zu verhindern.

Im nächsten Schritt legt man zwei Streifen des beiliegenden Klebeschaumstoffs auf (Abb. 4.4).

Abb. 4.3: Befestigung am Heckrohr

Abb. 4.4: Dämpfungsstreifen aufkleben

Abb. 4.5: Sensormodul aufkleben

Nun befestigt man den HeliCommand 3D derart, dass das Kamerafenster direkt auf den Boden gerichtet ist (Abb. 4.5). Die horizontale Ausrichtung des Sensormoduls (d.h. in welche Richtung das Etikett zeigt) ist auf die vier Hauptrichtungen beschränkt: nach vorne, hinten, rechts oder links. Die verwendete Richtung wird der Elektronik bei der Konfiguration mitgeteilt.

Als nächsten Schritt wird die Verkabelung vorgenommen. Das lange Kabel mit den 4 Drähten, welches vom RC-Modul abgeht, wird auf den HeliCommand aufgesteckt (Abb. 4.6).

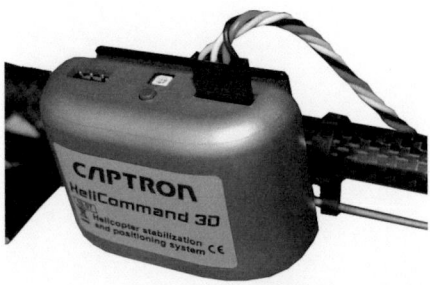
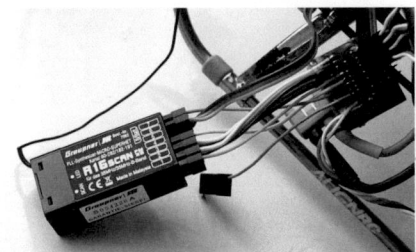

Abb. 4.6: Kabel vom Sender- zum RC-Modul

Abb. 4.7: Verbindung Empfänger-Helicommand

Als nächstes müssen die Servos angeschlossen werden und die Empfängersignale zum RC-Modul geleitet werden (Abb. 4.7).

Die elektrische Verschaltung wird beispielhaft wieder anhand der gängigen Kombination aus Graupner mx-16s und R16Scan aufgezeigt. Die Programmierung des Senders wird in Kapitel 4.1.4 beschrieben.

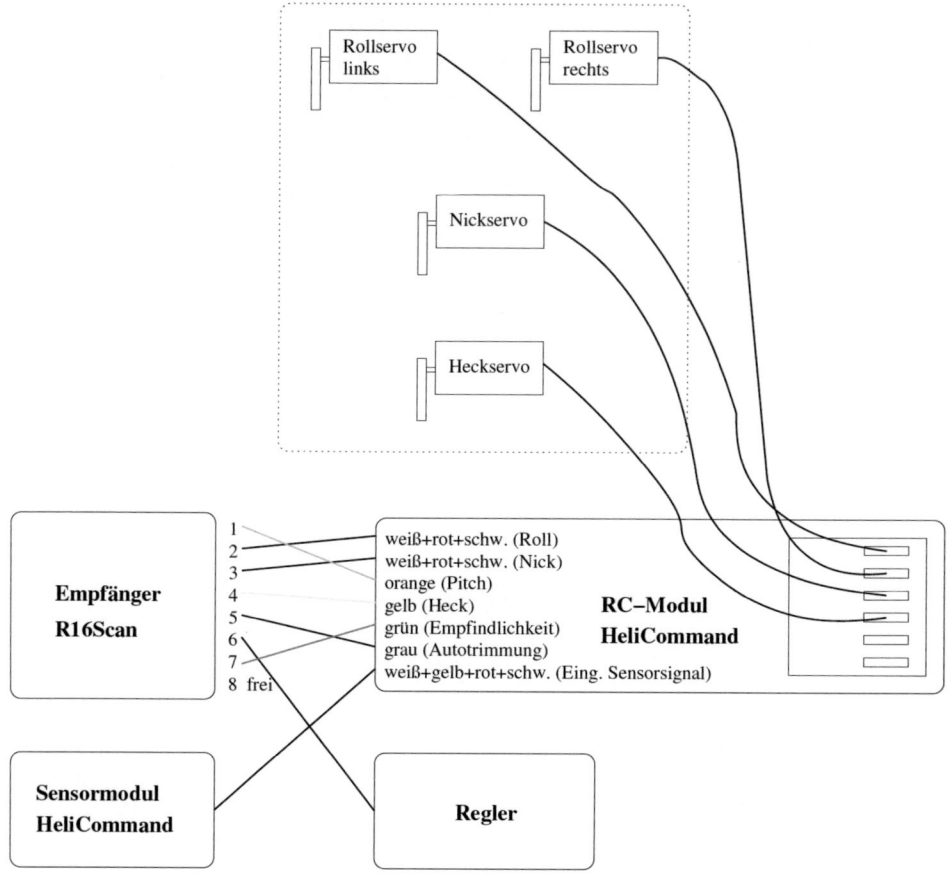

Abb. 4.8: Verschaltung

4.1.4 Programmierung des Senders

Wie zuvor dient der Sender Graupner mx-16s als Beispiel. Gehen Sie wie folgt vor:

- Legen Sie ein neues Modell an (Menü → ModSpeicher → Modell aufrufen → Jetzt einen freien Speicherplatz suchen.) Wählen Sie als Modelltyp "Helikopter"

- Ändern Sie die Grundeinstellungen: Menü → Grundeinstellungen:

- Modellname: TRex HC3d

- Steueranordnung: 2 (für Gas links)

- Taumelscheibe: 1 Servo (auch wenn der Heli mit 3 Servos angesteuert wird!)
  (Die Mischung geschieht im HeliCommand, so dass alle Taumelscheiben-Mischer in der Fernbedienung abgeschaltet sein müssen!)

- Rotor-Drehr.: rechts

- Pitch min: hinten (oder je nach Geschmack)

- Weisen Sie einen Geber für die Empfindlichkeit zu, die später bestimmt, ob der HeliCommand im Normal- oder Positionsmodus fliegt. Menü → Gebereinst. → Gyro - Geber 6. Der Gaslimiter sollte schon auf Geber 7 eingestellt sein. Der Gaslimiter ist besonders praktisch, wenn Sie Einstellungen vornehmen wollen, bei denen der Motor nicht drehen soll. (Wer natürlich ganz sicher gehen möchte, verlässt sich nicht darauf!)

- Legen Sie eine Gaskurve fest. Diese ist ziemlich abhängig vom eingesetzten Regler. Beim Jazz 40-6-18 reicht wahrscheinlich eine Gerade bei +60% (Menü → Helimix → K1Gas: Dort konfigurieren)

- Legen Sie die Heckbeimischung auf 0: Menü → Helimix → K1Heck: Gerade auf 0-Linie

- Legen Sie nun eine Pitch-Kurve fest (Menü → Helimix → Ptch): Beispielsweise eine Gerade von -30 bis +80 Grad (muss später angepasst werden).

- Setzen Sie den Gyro-Mischer fest auf 0% (Menü → Helimix → Gyro)

- Der HeliCommand hat die Möglichkeit, die Trimmung nach einem 8 Sekunden langen Schwebeflug vorzunehmen, um die Genauigkeit zu erhöhen. Um diese Trimmung anzustoßen, bietet sich an der mx-16s der Kippschalter SW 1 an, da dieser im Sendemodus 2 nahe des Nick- und Roll-Knüppels liegt. Gehen Sie dazu wieder in das Sendermenü → Gebereinst. Selektieren Sie den Eintrag E5 mit der SEL-Taste und betätigen den Schalter SW1. Die Zuweisung sollte sofort sichtbar sein.

4.1.5 Konfiguration des HeliCommand 3D

Hinweis: Auch hier wird davon ausgegangen, dass eine 3-Punkt-TS-Anlenkung wie beim T-Rex 450 SE mit 2 Roll- und einem Nick-Servo konfiguriert werden

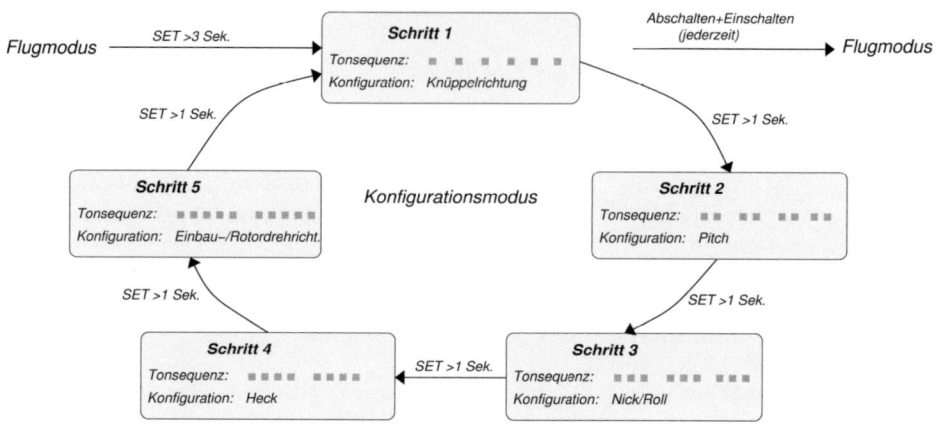

Abb. 4.9: Konfigurationsschritte

soll! Alle hier beschriebenen Einstellungen werden mit Gaslimiter am Anschlag durchgeführt, damit der Motor niemals anläuft!

Direkt nach dem Kauf sollte der HeliCommand seine „Factory"-Settings besitzen. Sicherheitshalber können Sie jedoch alle voreingestellten Settings auf diese Factory-Settings zurücksetzen: Schalten Sie den HeliCommand bei gedrückter SET-Taste (am Sendermodul) ein, lassen den SET-Button los und drücken ihn wieder etwa 5 Sekunden, bis die LEDs das Zurücksetzen durch abwechselndes rot-grün-Blinken bestätigen.

Als nächsten Schritt müssen Sie dem HeliCommand die Sender-Neutralstellung bekannt machen. Alle Steuerknüppel und Trimmer müssen dazu auf der Neutralposition stehen. Lediglich der Pitch muss auf Minimal stehen. Drücken Sie die SET-Taste etwa 1 Sekunde, bis die LED grün leuchtet. Lassen Sie den SET-Button los und schalten Sie den HeliCommand aus. Die Neutralposition ist nun gespeichert und wird beim nächsten Einschalten angewendet. Geräte mit neuer Firmware ab Datumsaufdruck 08.07 bzw. Seriennummer größer 34-00-00 müssen nicht mehr manuell ab- und eingeschaltet werden, sondern fahren automatisch nach dem Mitteneinlernen neu hoch.

Die eigentliche Konfiguration besteht aus 5 Phasen. Um in diesen Konfigurationsmodus zu gelangen, drücken Sie den SET-Button etwa 3 Sekunden. Die LED sollte dann blinken. Sie können jederzeit anhand der Blinkanzahl der LED feststellen, in welcher Einstellungsphase Sie sich befinden. Leuchtet sie beispielsweise mit Doppelimpulsen, so befinden Sie sich in Phase 2. Nach jeder Einstellung wechselt der HeliCommand automatisch in die nächste Phase. Wollen Sie eine Phase überspringen, so drücken Sie kurz den SET-Knopf. Wird das Gerät ausgeschaltet, so sind beim nächsten Einschalten alle abgeschlossenen Einstellungen aktiv.

Phase 1: Knüppel-Richtung einlernen

Während Sie die SET-Taste drücken, machen Sie nacheinander folgende Maximalbewegungen bis zum Anschlag und lassen die Hebel anschließend wieder los: Roll rechts, Nick vor, Drehung um Hochachse im Uhrzeigersinn von oben schauend, dann Pitch max. und Pitch so stehen lassen (nicht auf Minimum zurücksetzen)! Nun drücken Sie die SET Taste eine Sekunde lang, um in Phase 2 zu kommen.

Phase 2: Servo-Richtungen Pitch

Hier muss man die Richtige aus 10 verschiedenen Kombinationen auswählen. Wählen Sie eine Kombination aus, bei der sich beim Ziehen des Gaspitchknüppels Richtung Maximalwert die Taumelscheibe gleichmäßig nach oben bewegt. Die Umschaltung zwischen den Modi passiert mit einem Roll-Ausschlag, mit dem Gaspitchknüppel kontrolliert man das Verhalten.

Wenn man sich die Kombinationen so anschaut, kann man also erkennen, dass je Wirkrichtung 5 Taumelscheibentypen zur Auswahl stehen.

Nummer	Rollservo links	Rollservo rechts	Nickservo
1	⇑	⇓	⇑
2	-	-	⇓
3	-	-	⇑
4	⇓	⇑	⇓
5	⇓	⇑	⇑
6	⇓	⇓	⇓
7	⇓	⇓	⇑
8	⇑	⇑	⇓
9	⇑	⇑	⇑
10	⇑	⇓	⇓

Tab. 4.1: Servobewegungen: Nur Kombination Nr. 9 ist korrekt

Wenn Sie die Bewegungen der Servos beim Drücken des Gaspitch-Steuerknüppels in Richtung Maximum beobachten, so erkennen Sie folgende Kombinationen in

Tabelle 4.1, unter denen nur diejenige korrekt ist, bei der sich alle Servos gleichmäßig so bewegen, dass die Taumelscheibe ohne Kippbewegung nach oben gezo-
gen wird. Dies ist die Kombination mit der Nummer 9.

Haben Sie die richtige Einstellung gefunden, so drücken Sie den SET-Button mindestens 1 Sekunde, um diese Einstellung zu speichern. Sie gelangen automatisch
zur Phase 3.

Phase 3: Servo-Richtungen Nick und Roll

Wie bei Phase 2 gibt es auch hier wieder Kombinationen, die nach dem gleichen
Verfahren ausgewertet und eingestellt werden müssen, d.h. eine Rollbewegung
schaltet eine Kombination weiter, langer Druck auf SET speichert die Einstellung.
Hier soll jedoch eine Kombination aus der Tabelle gesucht werden, bei der die
Taumelscheibe bei einer Nick-Bewegung ihre Höhe nicht ändert.

Nummer	Rollservo links	Rollservo rechts	Nickservo
1	-	-	⇑
2	⇑	⇓	⇓
3	↑	↑	⇓
4	⇑	⇑	⇓
5	-	-	⇓
6	⇓	⇑	⇑
7	↓	↓	⇑
8	⇓	⇓	⇑

Tab. 4.2: Servobewegungen bei Nickbewegung nach vorne: Nur Kombination Nr. 7
ist korrekt, damit die Taumelscheibe ihre Höhe nicht verändert

Bewegen Sie also den Nick-Steuerknüppel. Bewegt sich nun die Taumelscheibe
derart, dass sie eine korrekte Nickbewegung vollzieht (Höhe ändert sich nicht,
Neigungsrichtung korrekt), so haben Sie die richtige Einstellung gefunden. In
diesem Fall drücken Sie die SET-Taste für mindestens 1 Sekunde, um diese Einstellung abzuschließen und den nächsten Einstellungsschritt durchzuführen. Anderenfalls führen Sie eine Roll-Steuerbewegung durch. Wiederholen Sie nun den
Test mit der Nick-Bewegung, usw.

Phase 4: Servo-Richtung Heck

Wer einen HeliCommand 3D einsetzt, wird mit hoher Wahrscheinlichkeit auch den integrierten Heckgyro verwenden wollen. In diesem Fall muss der HeliCommand die korrekte Wirkrichtung kennen, um später richtig entgegensteuern zu können.

Testen Sie mit dem Heck-Steuerknüppel, ob der Heckrotor richtig reagiert. Ist dies nicht der Fall, so führen Sie einmal eine Roll-Steuerbewegung durch. Jetzt sollte der Heckrotor bei Heck-Steuerbewegungen richtig reagieren.

Phase 5: Einbau-Orientierung und Rotor-Drehrichtung

Bei der Montage des HeliCommands sind Sie sehr frei. Die wenigen Einschränkungen bestehen darin, dass die Ausrichtung der Optik auf den Untergrund gerichtet sein muss und die Hochachse des HeliCommand möglichst parallel zur Rotorwelle verlaufen sollte. Damit der HeliCommand jedoch selber seine Einbaurichtung (unter den vier erlaubten) kennt, müssen Sie den Roll- bzw. Nickknüppel (bei Steuermodus 2 ist es der gleiche Knüppel) in die Richtung der runden Gehäuseseite drücken.

Nun drücken Sie den Heck-Steuerknüppel nach rechts, falls sie einen im Uhrzeigersinn drehenden Rotor (Aufsicht) besitzen, anderenfalls drücken Sie den Knüppel nach links.

Drücken Sie wieder eine Sekunde lang den SET-Knopf, damit auch die Einstellungen in diesem Schritt abgespeichert werden.

4.1.6 Einstellungen im Flug

Für die folgenden Einstellungen, für die der Heli geflogen werden muss, sollten Sie auf jeden Fall einen erfahrenen Piloten hinzuziehen. Natürlich können Sie es auch selber versuchen, doch sollten Sie alle Ratschläge in Kapitel 5.2 beherzigen.

An diesem Punkt haben Sie den Sender und den HeliCommand korrekt eingestellt. Aber das Feintuning erfolgt nun mit „scharf" geschaltetem HeliCommand.

Bevor Sie mit den mechanischen Feineinstellungen beginnen, sollten Sie nochmal den Spurlauf kontrollieren, denn es ist wichtig, dass der HeliCommand vibrationsarm seine Arbeit leisten kann!

Am Sender konfigurieren Sie eine Empfindlichkeit von 25% im Normalmodus für den HeliCommand (hier konfiguriert: Geber CTRL6 an der mx-16s).

Pitch

Bei diesem Schritt soll der Heli noch nicht fliegen!

Schalten Sie Sender und Heli ein. Der Pitch-Knüppel sollte auf Minimum stehen. Regeln Sie die Motorleistung nun auf den gewünschten Level, mit dem später geflogen werden soll (für pitchgesteuertes Fliegen). Sinnvoll ist dazu ein vorsichtiger Einsatz des Gaslimiters. Will der Heli jetzt (d.h. Zieldrehzahl erreicht, aber Pitch minimal) bereits abheben, so ist die Taumelscheibe zu hoch eingesetzt oder die Pitchkurve muss angepasst werden. Das gilt in umgekehrter Weise, wenn der Heli auch bei maximalen Pitch keine Tendenz zum Abheben zeigt. Verändern Sie gleichmäßig die Gestängelänge oder modifizieren Sie die Pitchkurve.

Ist die grobe Höhe der Taumelscheibe nun korrekt, versuchen Sie diese in Neutralstellung so einzuhängen, dass sie genau waagerecht liegt.

Heckservo

Versuchen Sie ein paar Zentimeter vom Boden abzuheben. Dreht sich der Heli dabei, so setzen Sie in wieder ab und verschieben Sie den Heckservo ein wenig auf dem Heckrohr und wiederholen Sie den Test. Ziel ist das Abheben ohne Wegdrehen des Hecks.

Feinjustierung des Schwebeflugs

Heben Sie nun mit dem Heli ab, so sollte er schon sehr ruhig in der Luft liegen. Trotzdem wird er sicherlich noch leicht in eine Richtung abdriften wollen. Dieses Verhalten treiben Sie ihm aus, indem Sie die Autotrimm-Funktion nutzen. Diese Funktion muss jedoch via Software im HeliCommand aktiviert werden. Die erforderliche Software ist jedoch nicht im Basisprodukt enthalten, sondern muss zugekauft werden.

Haben Sie die Verkabelung und Beschaltung wie oben beschrieben, durchgeführt, so haben Sie nun auf Schalter SW1 die Autotrimm-Funktion.

Versuchen Sie nun, den Heli in etwa 1 Meter Höhe (unterhalb dieser Höhe wirkt der Bodeneffekt und das ist ungünstig) ruhig schweben zu lassen. Gelingt Ihnen das für 8-10 Sekunden, so drücken Sie nun den Schalter SW1. Achtung: Dabei kann das Heck kurzfristig wegzucken. Außerdem ist es nicht immer einfach, neben der Steuerung auch noch einen weiteren Geber am Sender zu bedienen. Daher sollte man als Anfänger auf jeden Fall ein Übungs-Landegestell am Heli befestigt haben!

4.1.7   Flug

Lassen Sie nun im Flug die Steuerknüppel los, so sollte der Heli wunderbar ruhig in der Luft stehen. Experimentieren Sie etwas mit der Empfindlichkeitseinstellung.

Ist die Empfindlichkeit zu hoch, so kann der Heli sich auch in der Luft aufschaukeln. Wenn Sie die Empfindlichkeit also erhöhen, sollten Sie den Heli erst einmal in geringer Höhe schweben lassen und dann die Ausschläge der Nick- und Rollbewegungen stetig leicht erhöhen. Will sich der Heli aufschaukeln, setzen Sie ihn sofort ab und verringern die Empfindlichkeit wieder!

Fliegen Sie in Bodennähe und berühren dabei den Boden auch nur leicht, führt dies zu einer großen Vibration des Helis. Damit sich der Heli hier nicht aufschaukeln kann, sollten Sie ihn erst einmal absetzen und dann wieder abheben lassen.

Empfindlichkeiten über 0% (auf einer Skala von -100% bis +100% wie bei der mx-16s) versetzen den HeliCommand in den Positionsmodus. Dies erkennen Sie an der grünen LED. Idealerweise hält der Heli seine Position bei Neutralstellung der Nick- und Roll-Steuerknüppel. Damit dies gut gelingt, sollte der Heli in einer Höhe von etwa 1-5 Metern sein und nicht zu sehr vibrieren!

Kapitel 5

Flug

In diesem Kapitel soll Ihnen ein Weg vorgestellt werden, mit dem Sie die grundlegende Steuerung eines Modellhubschraubers erlernen können. Besonderer Schwerpunkt liegt auf der Vermeidung von kostenintensiven Schäden durch eine Fehlsteuerung.

5.1   Simulator

Der allererste Schritt beim Erlernen des Helifliegens sollte der Erwerb eines Simulators sein! Simulatoren gibt es in verschiedenen Preisklassen und Ausbaustufen. Mit dem FMS und dem Heli-X existieren sogar kostenlose Flugsimulatoren, die für das Trainieren der Reflexe benutzt werden können. Heli-X ist das neuere Projekt und erstaunt durch eine gelungene Einbettung der Landschaft. Besonderer Schwerpunkt liegt bei diesem Programm auf der Simulation der physikalischen Verhältnisse beim Helikopterflug.

Preislich am anderen Ende findet sich der Reflex-Simulator. Dieser kommt nach Meinung des Autors der Realität am nächsten.

Abb. 5.1: Heli-X

Abb. 5.2: Reflex XTR

Während die Hubschrabersimulaton bei FMS und Heli-X noch mit einem handelsüblichen Gamepad mit mindestens zwei Steuerknüppeln gesteuert werden kann, war für den Reflex lange Zeit ein vollwertiger Sender Grundvoraussetzung. Mittlerweile gibt es den Reflex auch als iVol-Variante mit beiliegendem Steuergerät, welches zu einem vollwertigen Sender ausgebaut werden kann. So ist ein Hineinschnuppern in das Hobby ohne Kauf einer teuren RC-Senderanlage möglich. Viele Fans schreiben Erweiterungen für die Simulationsprogramme, um eigene Flugmodelle zu integrieren oder neue Szenarien hinzuzufügen.

Die Preise einiger Simulatoren schrecken auf den ersten Blick ab. Jedoch sollte man sich klarmachen, dass eigentlich jeder Flugschüler den ersten Heli mindestens einmal ordentlich crasht. Mit einem Simulator kann man diesen Zeitpunkt hoffentlich weiter in die Zukunft verlegen und die Anzahl der Krater im Boden bei fleißigem Simulationstraining stark vermindern.

Am besten üben Sie alle später beschriebenen Lernschritte zunächst am Simulator, bevor Sie Schäden am eigenen Modell riskieren.

5.2 Vorbereitung

Bevor man ein Auto startet, sollte man die notwendigen Versicherungen abgeschlossen und sich von der Fahrtüchtigkeit des Autos überzeugt haben. Nicht anders ist es beim Fliegen mit einem Modellhubschrauber und nicht geringer sind die Gefahren, wenn die Flugtauglichkeit nicht gegeben ist.

5.2.1 Wo und wann darf geflogen werden?

Die „Luft" ist in verschiedene Lufträume eingeteilt, die mit Buchstaben bezeichnet sind. In den kontrollierten Lufträumen C, D und E regelt die Luftverkehrsordnung §16 den Betrieb von Flugmodellen. Im Luftraum D ab Bodenhöhe, der sich meist um die Flughäfen befindet, ist eine *Flugverkehrskontrollfreigabe* von der zuständigen Flugverkehrskontrollstelle einzuholen. Für die Lufträume, die erst ab einer gewissen Höhe beginnen, ist diese Erlaubnis nur dann einzuholen, wenn beabsichtigt wird, in diesen Höhen zu fliegen. Luftraumkarten der Deutschen Flugsicherung GmbH (DFS) kann man beispielsweise bei der Firma Dr. Götz Land und Karte kaufen. Das Fliegen über Personen und Tiere oder in Wohngebieten ist grundsätzlich verboten.

Vor dem ersten Starten des Modells ist der Abschluss einer (mittlerweile obligatorischen) Haftpflichtversicherung Grundvoraussetzung! Schäden durch den Betrieb von Flugmodellen sind nämlich in der Regel nicht durch die „normalen" Haftpflichtversicherungen abgedeckt! Die meisten Modellpiloten sind Mitglied im Deutschen Modellflieger Verband e.V. (DMFV) und profitieren von der Halter-Haftpflichtversicherung des DMFV, die für Schäden durch den Betrieb von Flugmodellen bis zu 25 kg Startgewicht auf allen europäischen Vereinsplätzen aufkommt. Durch Abschluss einer Zusatzversicherung kann der Betrieb von Flugmodellen bis 50 kg Startgewicht auf der „grünen Wiese" versichert werden. Je nach Art der Zusatzversicherung gelten andere Deckungssummen und Prämien. Da sich die Beiträge und die Bedingungen sicherlich in Zukunft mal ändern oder angepasst werden, wird für weitere Informationen auf die Webseiten des DMFV verweisen (http://www.dmfv.de).

5.2.2   Die Vorbereitung des Modells

Man sollte sich vor dem Flug ganz sicher sein, dass alle Schrauben richtig angezogen sind und gerade bei rotierenden Teilen zuvor mit Schraubensicherungslack auch wirklich fixiert wurden!

Haben Sie die Rotorblätter für den Transport zum Fluggelände abgenommen, so überprüfen Sie, ob Sie wieder korrekt eingehängt wurden.

Abb. 5.3: Überprüfung des Schwerpunktes

Fassen Sie vorsichtig unter die Paddelstange oder die Blatthaltegriffe (Abb. 5.3), um den Schwerpunkt des Helis zu überprüfen. Niemals darf das Modell ein Übergewicht am Heck haben!

Außerdem sollten Sie einen Reichweitentest durchführen. Wählen Sie das richtige Modell im Senderspeicher aus, wenn Sie mehrere Modelle konfiguriert haben! Lassen Sie die Antenne des Senders im eingezogenen Zustand und prüfen Sie die korrekte Funktion der Servos bei allen Steuerfunktionen in einem Abstand von etwa 50 Metern. Dies geht natürlich nur mit einem Helfer. Reagieren die Servos korrekt und zucken auch nicht, so können Sie davon ausgehen, dass der Empfang bei ausgezogener Antenne auch bei größerem Abstand noch einwandfrei ist.

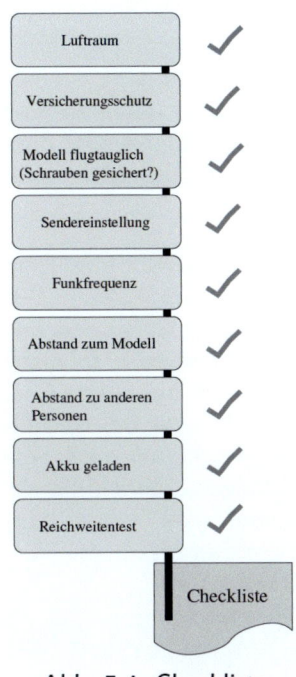

Abb. 5.4: Checkliste

Als Anfänger werden Sie eher auf den Heli *reagieren* als ihn selber zu steuern. Selbst wenn Sie ein Stabilisationssystem wie den HeliCommand einsetzen, wird der Heli ein gewisses Eigenleben entwickeln, auch wenn die Kontrolle wesentlich vereinfacht wird. Deswegen ist es üblich, die Auflagefläche durch ein Trainings-Landegestell zu vergrößern. So ein Trainings-Landegestell können Sie komplett käuflich erwerben, aber auch der Eigenbau ist sehr einfach. Es reicht aus, zwei überkreuz gelegte Carbonfaser-Stangen unter den Landekufen zu befestigen. An die Stangenenden stecken Sie Tischtennisbälle auf, so dass der Heli bei Berührung über den Boden gleiten kann. Diese Vorrichtung soll das Umkippen des Helis am Boden verhindern und führt auch zu einer besseren Erkennbarkeit der Lage des Helis im Flug. Verwenden Sie jedoch keine überlangen Stangen, da sich der Heli dadurch aufschaukeln könnte. Stangen länger als der Durchmesser des Hauptrotors sind kontraproduktiv! Nehmen Sie das Trainings-Landegestell erst dann wieder ab, wenn Sie die Steuerung des Helis grundsätzlich beherrschen.

Suchen Sie sich an einem windstillen Tag eine glatte Fläche, beispielsweise eine Asphaltfläche, aus, um mit den ersten Flugversuchen zu starten. Eine saubere Asphaltfläche erleichtert das Zusammensuchen der einzelnen Bauteile des Helis nach einer unsanften Notlandung ungemein...!

Stellen Sie sicher, dass Sie keinen anderen Piloten stören. Achten Sie darauf, dass Sie einen freien Funkkanal verwenden, der nicht bereits von einem anderen Piloten benutzt wird!

Für die Einschaltreihenfolge gilt immer: Erst wird der Sender aktiviert, dann kann der Heli eingeschaltet werden!

Damit Sie den Akku schonen, sollten Sie am Sender einen Timer programmieren, der nach etwa 10 Minuten Flugzeit abläuft. Bei den Übungen in Bodennähe kann die Zeit um einige Minuten verlängert werden.

5.3 Heckschweben

Stellen Sie den Heli (in genügendem Abstand!) mit dem Heck zu Ihnen zeigend auf eine vorzugsweise glatte Fläche. Die Fläche sollte so weiträumig so sein, dass der Heli zur jeder Seite ausreichenden Spielraum für etwaige Ausbruchsversuche hat.

Treten Sie einen Schritt zur Seite, so dass Sie die Fluglage des Helis besser erkennen können. Mit dieser Sicht auf den Heli entspricht die Ansteuerung der Senderknüppel den Wirkrichtungen am Modell. Bewegen Sie den Gaspitchknüppel vorsichtig, bis der Heli „leicht" wird. Ist der Gyro gut eingestellt, so sollte das Heck dabei nicht wegdrehen. Wohl aber wird der Heli auch bei bester Einstellung der Taumelscheibe zu einer Seite wegdriften wollen! Sogar bei Einsatz des HeliCommands werden Sie in Bodennähe ein leichtes Wegdriften nicht verhindern können. Wenn Sie den Heli ohne HeliCommand fliegen, können Sie ein starkes Wegdriften mit der Trimmung am Sender reduzieren. (Bei Verwendung des HeliCommands hilft die mechanische Feinjustierung der Taumelscheibe oder die Autotrimm-Funktion. Siehe hierzu auch Abschnitt 4.1.6).

Bei den ersten Versuchen werden Sie das Gefühl haben, dass nicht Sie den Heli steuern, sondern umgekehrt Sie nur auf die Ausbruchsversuche des Helis reagieren. Dies ist völlig normal, da ein Hubschrauber konstruktionsbedingt kein eigenstabiles Flugzeug ist, sondern nur mit elektronischen Hilfsmitteln stabilisiert werden kann. Als Pilot eines Hubschraubers haben Sie extrem wenig Zeit zum Reagieren und müssen zudem

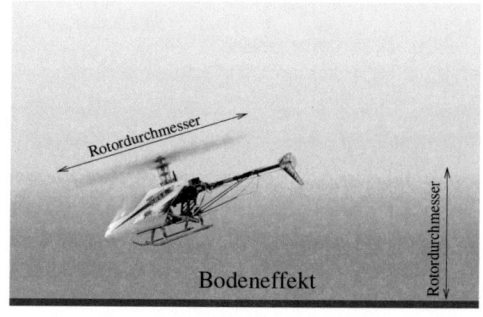

Abb. 5.5: Bodeneffekt

alle vier Steuerachsen gleichzeitig bedienen. Und als ob dies nicht schon Anspruch genug wäre, so beeinflusst die Steuerbewegungen einer Achse die Wirkrichtungen der anderen Achsen mit! Je besser die elektronischen Hilfsmittel (vor allem der Gyro, Regler) eingestellt sind, desto weniger werden Sie davon merken.

Lassen Sie den Heli zunächst nur in einer Höhe von wenigen Zentimetern über den Boden gleiten. Mit einem geeigneten Landegestell müssen Sie nicht einmal wirklich abheben (Tischtennisbälle rutschen sehr leicht über den Boden). Erst wenn Sie meinen, dass Sie den Heli auf einer Fläche von wenigen Metern halten könnten, sollten Sie die Flughöhe leicht erhöhen. In einer Höhe von bis zu 20 cm können Sie den Heli bei Bedarf schnell absetzen, ohne größere Schäden befürchten zu müssen. Allerdings wirkt dicht am Boden der sogenannte Bodeneffekt. In dieser Zone ist der Heli sehr instabil, da er wie auf einem Luftkissen fliegt. Das liegt daran, dass die nach unten gewirbelte Luft am Boden nicht weiter sinken kann, sondern zur Seite abgelenkt wird. An den Rotorblattspitzen wird die Luft wie im Kreis erneut in den Sog nach unten gedrückt. Andererseits braucht der Heli in dieser Flughöhe weniger Energie. Daher können Sie mit einer Akkufüllung sehr lange über den Boden rutschen.

Wenn Sie sich etwas sicherer fühlen, vergrößern Sie die Flughöhe und verlassen Sie den Bereich, wo der Bodeneffekt wirkt. Sie werden feststellen, dass sich der Heli leichter steuern lässt, weil er in dieser Höhe ein gutmütigeres Flugverhalten aufweist.

Versuchen Sie den Heli gezielt zu einem festgelegten Punkt zu steuern und ihn dort zu landen.

5.4 Seitenschweben

Beherrschen Sie das Heckschweben, so lassen Sie den Heli in einem bis zwei Metern Höhe (Vermeidung des Bodeneffekts) aus der Heckschwebeposition kurzzeitig leicht nach links gieren und drehen ihn wieder zurück, so dass das Heck wieder zu Ihnen zeigt. Wiederholen Sie diese Übung mit einer kleinen Rechtsdrehung. Vergrößern und verlangsamen Sie die Ausschläge der Gierbewegungen. Nach einigen Stündchen sind Sie in der Lage, den Heli aus der Seitenansicht zu steuern.

Nun sollten Sie sich erneut in die Bodennähe wagen. Jetzt sind wieder schnellere Reaktionen gefragt, um das Modell zu stabilisieren! Versuchen Sie sich an Starts und Landungen aus der Seitenansicht.

5.5 Nasenschweben

Unter Nasenschweben versteht man den Schwebezustand, bei dem die Nase des Helis auf den Piloten zeigt. Die Herausforderung für den Piloten besteht nun darin, die drei Steuerachsen Gieren, Nick und Roll seitenverkehrt ansteuern zu müssen. Hat man keine Vorerfahrung mit anderen Modellen, ist das Erlernen sehr zeitaufwändig und harte Fehlsteuerbewegungen sind vorprogrammiert, weil Sie für die Planung von seitenverkehrten Korrekturbewegungen kaum Zeit haben. Damit diese falschen Steuerbewegungen möglichst wenig Schaden verursachen, sollten Sie das Nasenschweben wieder direkt am Boden versuchen. Setzen Sie das Modell mit der Nase zu Ihnen zeigend auf den Boden und geben Sie etwas Gas, damit es über den Boden rutschen kann. Gehen Sie wie beim Erlernen des

Heckschwebens vor und erhöhen Sie die Flughöhe sehr vorsichtig.

5.6 Gehen Sie auf Wanderschaft!

Drehen Sie die Aufgaben von Hubschrauber und Pilot einmal um: Lassen Sie den Heli auf einer Stelle schweben und wandern Sie stattdessen um ihn herum. Ziel sollte es sein, dass der Hubschrauber ohne Heckbewegungen möglichst ruhig auf einer Stelle schwebt. Üben Sie dies mit verschiedenen Flughöhen.

5.7 Rundflüge und Achten

Beherrschen Sie den Heli nun aus allen Richtungen und sind Sie jetzt in der Lage, einigermaßen punktgenaue Landungen durchzuführen, so können Sie nun den Flugradius vergrößern und dabei versuchen, den Heli stets so auszurichten, dass dessen Nase immer in Flugrichtung zeigt. Fliegen Sie Achten und führen Sie auch etwas schnellere Vorwärtsflüge durch, aber vermeiden Sie den schnellen Seitwärts- oder Rückwärts-Flug, denn aufgrund des Windfahneneffekts kann sich der Heli dabei ruckartig drehen!

5.8 Kontrolle nach dem Flug

Testen Sie nach jedem Flug, ob alle Mechanikteile noch in einwandfreiem Zustand sind. Das beinhaltet nicht nur die Suche nach Schäden an den rotierenden Teilen und die Kontrolle der Zahnriemen und -räder, sondern auch die Überprüfung der Schraubverbindungen! Reinigen Sie regelmäßig die Wellen und Lager.

Kapitel 6

Reparatur

Der T-Rex 450 ist ein Heli mit einer langen Geschichte. Es gibt ihn mittlerweile in einer Vielzahl von Varianten (siehe Kapitel 1.3). Dies ist einerseits ein Vorteil, wenn man Ersatzteile benötigt, weil die große Verbreitung zu einer guten Ersatzteilversorgung führt. Man findet bei Problemen schnell Hilfe im Internet bei der riesigen Fangemeinde. Andererseits ist es jedoch nicht immer einfach, das richtige Ersatzteil zur eigenen Modellvariante zu finden. Manche Teile passen in alle Modelle des T-Rex 450. Da der T-Rex aber ständig verbessert wird, gibt es Teile, die nur für eine Variante geeignet sind. Um eine redundante Artikelanzeige zu vermeiden, sortieren die Händler ihre Ersatzteile in den Online-Shops daher meist nur in einer Modellvariante ein.

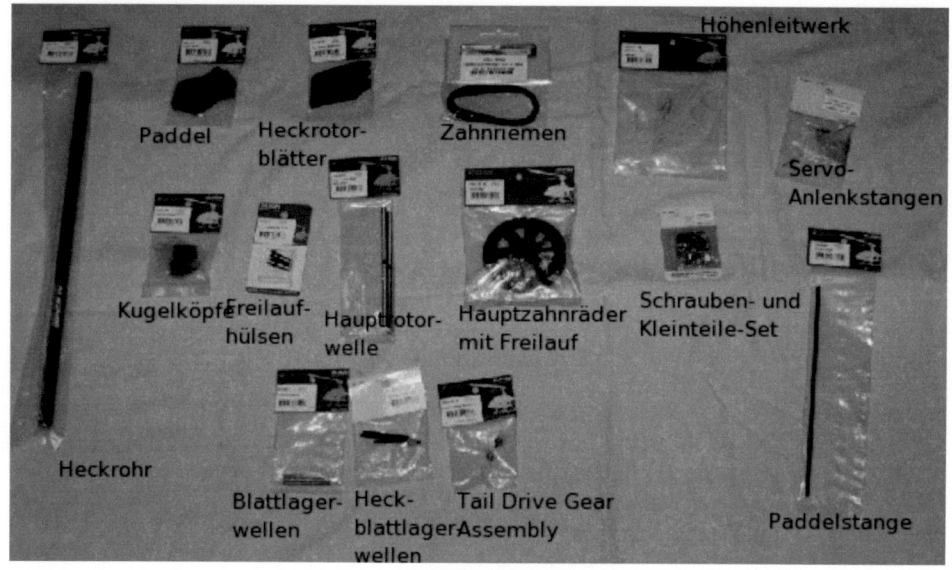

Abb. 6.1: Wichtige Ersatzteile

Ein weiteres Problem sind die Bezeichnungen der Ersatzteile. Die Explosionszeichnungen in der HA sind sehr gut gemacht und fast ausnahmslos sind alle Bauteile mit ihren Nummern („HTxxx") beschriftet. Leider führt eine Suche nach diesen Nummern jedoch selten zum Ergebnis, wohl auch, weil es mittlerweile verschiedene Zulieferer für die Ersatzteile gibt.

Auf dem Bild 6.1 sind die Ersatzteile abgebildet, die man getrost schon vor dem ersten Crash kaufen darf, weil man sie sicherlich später benötigen wird.

In der Tabelle 6.1 sind für einige der wichtigsten Bauteile die alternativen Ersatzteile angegeben, die man zum Austausch verwenden kann. Die ungefähren Preise

Bauteilnr. (Tex 450 SE)	Name	Ersatzteil-Nr.	ungef. Preis (EUR)
HT3003+HT3006	Höhen- und Seitenleitw.	HS1018	5
HT2004	Heckrohr	HZ018	12
HT2003	Heckrotorriemen	MXL-3972	8
	Paddelstangenset	HS1006	4
HH2007	Blattlagerwellen-Set	HS1003T (für SEv2:HS1251T)	6
	Heckrotorwellenset	HS1021	6
HB6002	Freilaufhülse	HZ026	4
	Main Gear + Freilauf	HS1218	18
HS6002-2	Hauptrotorwellenset	HS1011 oder HS1217	8 oder 12
	Anlenkgestänge	HS1119T	4

Tab. 6.1: Alternative Ersatzteile für den T-Rex 450 SE

geben den Stand Sommer 2007 wieder.

6.1 Freilauf

Wenn die Hauptrotoren ungebetenen Besuch vom Boden bekommen, verursachen sie in der Regel einen größeren Schaden. Oft ist auch der Freilauf beschädigt und muss ausgetauscht werden.

Es gibt mittlerweile verschiedene Alternativen für den Freilauf des T-Rex 450. Das Einbauen des Freilaufs in die Originalzahnräder ist nicht einfach, weil man dazu

Abb. 6.2: Ersatzteil HS1218: Der Freilauf befindet sich bereits im großen Hauptzahnrad und kann mit Schrauben gelöst werden.

weiteres Werkzeug benötigt und dennoch dabei leicht den Freilauf beschädigt. Besser greift man zum Ersatzteil HS1218. Dieses besteht aus den beiden Zahnrädern und einem durch Schrauben befestigten Freilauf. Dieser lässt sich bei Bedarf später leicht ersetzen.

Zum Ersetzen der Originalteile durch die vorgestellten Ersatzteile gehen Sie wie folgt vor: Entnehmen Sie aus den Originalzahnrädern die Schraube, die Mutter und die Freilaufhülse. Wenn Sie die Schraube nicht mehr besitzen, so finden Sie diese übrigens im Schraubenkleinteileset HZ027T „Screw Parts", welches man eigentlich bereits bei der ersten Ersatzteilbestellung mitbestellen sollte.

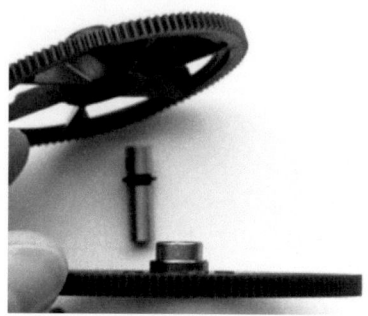
Abb. 6.3: Einsetzen der Freilauf-
hülse

Abb. 6.4: Versenken der Mutter in
der Einfassung

Setzen Sie nun die Freilaufhülse in das kleinere Zahnrad ein und drücken nun das größere Zahnrad auf die Hülse. Drehen Sie nun die Zahnräder so in Zugrichtung, dass die Schraubenöffnungen in der Hülse deckungsgleich mit den Öffnungen im kleineren Zahnrad sind, so dass Sie nun die Schraube hindurch schieben können. Auf der anderen Seite drücken Sie die Mutter auf die Schraube und drehen diese so fest, dass die Schraube in der vorgesehenen Einfassung versinkt. Sie können die Schraube nun wieder lösen, die Zahnräder in das Modell einsetzen und erneut festschrauben.

Achten Sie auf eine staubfreie Arbeitsumgebung!

6.2 Antenne

Die Erfahrung zeigt, dass bei einem Crash häufig auch der Antennendraht durchschnitten oder abgerissen wird. Für eine optimale Empfangsqualität ist die Länge des Drahts aber entscheidend. Kann man das fehlende Stück nicht mehr finden, so muss man den noch vorhandenen Antennendraht dennoch entsprechend erweitern. Der hier vorgestellte Scan-Empfänger von Graupner benötigt einen etwa 95 cm langen Antennendraht. Am besten verdrillt man die beiden Verbindungsenden, verlötet sie und schützt die Stelle mit ein wenig Schrumpfschlauch.

6.3 Landekufen

Bei einer harten Landung brechen die originalen Kufenbügel leicht. Ist dies geschehen, so sollte man gleich die extrem stoßfesten Kufenbügel einsetzen, die so biegsam sind, dass sie eigentlich kein Crash zerstören kann (CLP00141). Diese findet man als Tuning-Artikel in den meisten Online-Shops zum T-Rex 450.

6.4 Zahnriemen

Ist eines der Hauptrotorblätter ins Heckrohr eingeschlagen, so ist nicht selten auch der Zahnriemen beschädigt. Es gibt hochwertige Neopren-Zahnriemen, die man einsetzen sollte, denn diese sind extrem widerstandsfähig.

Abb. 6.5: Diese Kufen brechen auch bei harter Landung nicht.

6.5 Servos

Abb. 6.6: Getriebe des Hitec HS-65HB

Bei einem Crash können enorme Kräfte auf die Servos wirken, die meist jedoch nur dessen Getriebe beschädigen. Diese Getriebe lassen sich häufig nachkaufen, ohne gleich den ganzen Servo auswechseln zu müssen. Die Getriebe kosten meist nur ein Drittel des Preises eines kompletten Servos.

6.6 Heckrotorwelle

Eine Bodenberührung des Heckrotors führt sehr häufig zu einer Beschädigung der Heckrotorwelle. Ersatzrotorwellen werden meist im 3er-Pack verkauft, dabei steckt nur auf einer der Wellen ein Ritzel. Zum Abziehen des Zahnrädchens gibt es spezielle Werkzeuge, deren Anschaffung sich allerdings erst amortisiert, wenn man sehr viele Heckrotorwellen verschleißt.

6.7 Support

Dieses Buch kann nicht alle Fragen klären. Insbesondere kann die Reparatur eines abgestürzten Helis ziemlich nervenaufreibend sein. Hierbei kann der Austausch mit anderen Modellpiloten in speziellen Modellbauforen sehr hilfreich sein. Außerdem gibt es viele Internetseiten, die sich sehr eingehend mit dem Thema Modellhelikopter befassen. Eine kleine Auswahl soll hier vorgestellt werden:

http://www.rc-heli-fan.org   http://www.rc-heli.de
http://www.rcline.de   http://www.heliwelt.de
http://www.rcforum.de   http://dragonheli.iphpbb.com
http://www.heli-spass.de   http://www.dmfv.de